DR. OETKERS
WEIHNACHTS-
BÄCKEREI

MOEWIG

Verlagsunion Erich Pabel – Arthur Moewig KG, Rastatt
© Ceres Verlag Rudolf August Oetker KG Bielefeld
Umschlagentwurf und -gestaltung:
Werbeagentur Zeuner, Ettlingen
Umschlagfoto: Ceres Verlag
Fotos im Innenteil: Ceres Verlag
Printed in Portugal 1995
Druck und Bindung:
Printer Portuguesa, Lissabon
ISBN 3-8118-1281-5

Freuen Sie sich auf das schönste Fest
des Jahres und genießen Sie
den Auftakt mit dem Duft von Vanille,
Zimt, Honig und Marzipan, der
frisch gebackenen Plätzchen entströmt,
in vollen Zügen.

Diese besondere Stimmung der Adventszeit
wird noch zudem durch zwei Erfolgs-
erlebnisse gekrönt: durch den Augenblick,
in dem Sie den Backofen öffnen und
Ihr eigenes gelungenes Backwerk bewundern
können und durch das folgende wohl-
klingende Lob Ihrer Familie und Gäste.

Damit Ihnen dieses Lob stets sicher
ist, haben wir im Laufe der Jahre mit viel
Liebe und Sorgfalt die schönsten Plätzchen,
festliche Torten, klassische Kuchen,
Honiggebäck und spezielles Gebäck für
Kalorienbewußte entwickelt und für Ihre
Weihnachtsbäckerei zusammengetragen.

Back-Tips

Zweckmäßige Geräte

Kleingeräte

Eine Waage oder ein Meßbecher sind für das Abwiegen der Zutaten erforderlich. Auch ein Litermaß sollte in jedem Haushalt vorhanden sein. Nur die genaue Einhaltung der vorgeschriebenen Mengen sichert den Erfolg.

Rührschüsseln, in denen die Teige − bis auf Knetteig − zubereitet werden, sollten einen innen abgerundeten Boden haben. Ungeeignet sind Schüsseln aus Emaille (Splittergefahr) und Aluminium (färbt Teige grau). Damit sich die Schüssel beim Rühren nicht verschiebt, kann ein feuchtes Tuch untergelegt werden.

Löffel zum Rühren von Hand sollten ein durchlochtes Blatt haben. Ein Schneebesen empfiehlt sich für Biskuitteige.

Ein Schüttelsieb ist ein unentbehrlicher Helfer beim Sieben von Mehl-Backpulver-Gemisch und Puderzucker.

Ein Teigschaber (meistens aus Zelluloid) ist praktisch, um damit die Teigreste aus der Schüssel zu nehmen, aber auch, um den Teig gleichmäßig auf dem Backblech zu verteilen. Bei festeren Teigen empfiehlt es sich, den Teigschaber vor der Verwendung in Milch oder Wasser zu tauchen, damit keine Teigreste hängenbleiben.

Backformen

Backformen und ihr Material sind mitentscheidend für ein gutes Backergebnis. Vorzügliche Wärmeleiter sind Aluminium und Weißblech, aus denen die meisten Backformen noch hergestellt werden. Backformen können in zwei Gruppen unterteilt werden, in helle und dunkle. Helle Backformen aus rauhverzinntem Weißblech eignen sich besonders gut für die direkte, intensive Hitze des Gasherdes. Dies gilt auch für helle Backformen aus Reinaluminium.

Dunkle Backformen aus Stahlblech mit einer besonders entwickelten Innenbeschichtung sind die idealen Formen für alle Elektroherde. Formen mit einer Antihaftbeschichtung bestehen ebenfalls aus Stahlblech und haben eine mattschwarze, speziell wärmeleitende Oberfläche. Sie sind für alle Energiearten bestens geeignet.

Dekoramik-(Keramik-)Backformen sind bei über 1000 Grad hart gebrannt und anschließend glasiert. Sie sind für alle Energiearten geeignet, bringen beste Backergebnisse und sind darüber hinaus ein dekorativer Wandschmuck für die Küche.

Wichtig: Alle Back- und Ausstechformen und Backbleche sollten nach jedem Gebrauch sorgfältig gereinigt und getrocknet werden.

Back-Trennpapier

Bei der Verwendung von Back-Trennpapier entfällt das Einfetten des Backblechs. Kleingebäck und Blechkuchen lassen sich leicht lösen und das Backblech muß nicht gereinigt werden. Back-Trennpapier kann mehrmals verwendet werden.

Maße und Gewichte

Genaues Abmessen und Wiegen ist eine Voraussetzung für das Gelingen des Backwerks. Die nachstehende Tabelle soll eine Hilfe für das Abmessen kleiner Mengen sein.

10 g Weizenmehl	= 1 gestrichener EßI.
25 g Weizenmehl	= 1 gut gehäufter EßI.
2 g Speisestärke	= 1 gestrichener Teel.
10 g Speisestärke	= 1 schwach gehäufter EßI.
15 g Speisestärke	= 1 gut gehäufter EßI.
25 g Speisestärke	= 2½ schwach gehäufte EßI.
3 g Backpulver	= 1 gestrichener Teel.
10 g Zucker/Puderzucker	= 1 gehäufter Teel.
15 g Zucker/Puderzucker	= 2 gestrichene EßI.
20 g Zucker/Puderzucker	= 1 schwach gehäufter EßI.
25 g Zucker/Puderzucker	= 1 gut gehäufter EßI.
5 g Kakao	= 1 gestrichener EßI.
10 g Semmelmehl	= 1 gestrichener EßI.
12 g Grieß	= 1 gestrichener EßI.
125 ml (⅛ l) Milch	= 8 EßI.
15 g Fett	= 1 gestrichener EßI.
5 g Salz	= 1 gestrichener Teel.

Wichtige Backzutaten

Für das Gelingen des Gebäckes ist es wichtig, daß die Backzutaten frisch sind.

Anis
Gewürz aus der Frucht der Anispflanze mit stark süßlich-würzigem Aroma. Das Aroma verflüchtigt sich schnell, daher Anis nur in kleinen Mengen erst kurz vor dem Verbrauch einkaufen.

Arrak
Trinkbranntwein, hergestellt aus Reis, Zukkerrohr-Melasse oder zuckerhaltigen Pflanzensäften. Als Aroma besonders für Glasuren geeignet.

Backaroma
Auszug aus verschiedenen Grundsubstanzen in Öl zum Aromatisieren des Gebäcks. Abgefüllt in Fläschchen gibt es die Geschmacksrichtungen Bittermandel, Rum, Arrak, Butter-Vanille und Zitrone.

Backhefe
Biologisches Triebmittel, das als Frischhefe in Würfeln und als Trockenhefe in Päckchen abgepackt erhältlich ist.

Backoblaten
Hauchdünnes Dauergebäck – rund oder viereckig – aus Mehl oder Speisestärke. Als Unterlagen z. B. für Makronen und Lebkuchen geeignet.

Backpulver
Chemisches Triebmittel, vorwiegend aus Natriumcarbonat. Abgefüllt in kleinen Tüten. Backpulver am besten immer frisch besorgen. Wird ein kleiner Vorrat aufbewahrt, sollte er kühl und trocken und getrennt von stark riechenden Lebensmitteln, z. B. Gewürzen, gelagert werden (Blechdose). Für die Teigzubereitung wird Backpulver mit Mehl gemischt, gesiebt und dann nach Rezept verarbeitet.

Bittere Mandeln
Mandeln mit stark bitterem Geschmack und Blausäure-Gehalt. Sie dürfen deshalb nur in kleinsten Mengen als geschmackgebende Zutat verwendet werden.

Butter
Wird bevorzugt für sehr feine Backwaren genommen.

Eier
Nur frische oder einwandfrei konservierte Hühnereier verwenden. Um vor Gebrauch zu prüfen, ob sie gut sind, werden sie einzeln über einer Tasse aufgeschlagen.

Erdnußkerne
Geschälte Kerne der Erdnuß. Sie werden wie Mandeln und Nüsse verwendet.

Farin-Zucker
Gelb- bis dunkelbrauner Zucker aus Zuckerablaufsirup.

Feigen
Birnenförmige, grüne, auch purpurrote bis bräunlich-violette Frucht. Süß, sehr aromatisch, mit honigartigem Geschmack. Zum Backen eignen sich nur getrocknete Feigen.

Gelatine
Geschmacksreine Gelatine dient als Geliermittel für Gelee- und Cremespeisen, für Aspik und Sülzen. Gemahlen in Päckchen abgepackt oder in Blattform erhältlich.

Hagelzucker
Grob kristallisierter Zucker zum Bestreuen von Gebäck.

Hirschhornsalz
Chemisches Triebmittel aus Ammoniumcarbonat oder aus carbaminsaurem Ammonium. Für flache, trockene Gebäcke wie Honig- oder Lebkuchen. Hirschhornsalz zersetzt sich an der Luft und muß daher in gut verschlossenen Behältern (Blechdose) aufbewahrt werden.

Honig
Beliebte Zutat zur Weihnachtsbäckerei.

Ingwer
Gewürz aus der getrockneten Wurzel der Ingwerpflanze. Im Handel ganz oder gemahlen erhältlich, aber auch kandiert in Sirup eingelegt. Ingwer hat einen stark-würzigen, etwas brennenden Geschmack. Nur in geringen Mengen verwenden.

Kardamom
Getrocknete Kapselfrucht der Kardamompflanze. Im Handel als ganze Frucht oder gemahlen angeboten. Kardamom hat einen brennend-würzigen Geschmack und wird besonders für die Weihnachtsbäckerei verwendet. (Spekulatius, Stollen, Lebkuchen, Gewürzkuchen.)

Kartoffelmehl
Speisestärke aus Kartoffeln gewonnen.

Kokosraspeln
Feingeraspeltes Fruchtfleisch der Kokosnüsse. In Beuteln abgepackt erhältlich. Wegen des hohen Fettgehaltes sind Kokosraspeln nur begrenzt lagerfähig.

Koriander
Gewürz aus der gelblich-bräunlichen Spaltfrucht Coriandum sativum. Im Handel ganz, geschrotet oder gemahlen erhältlich. Wird besonders für die Weihnachtsbäckerei verwendet.

Korinthen
Kleine, luftgetrocknete, rötlichblaue bis violettschwarze, kernlose Beeren einer Abart der Weinrebe. Vorwiegend aus Griechenland. Verwendung wie Rosinen.

Krokantstreusel
Aus Krokantmasse hergestellt. Im Handel in Päckchen oder Beuteln abgepackt erhältlich. Werden zum Bestreuen und Garnieren von Gebäck verwendet.

Kümmel
Gewürz aus der Frucht der Kümmelpflanze. Im Handel ganz, geschrotet oder gemahlen erhältlich. Herzhafter Geschmack. Wird als Gewürz für Salzgebäck, Brot und Brötchen verwendet.

Kuvertüre
In den Geschmacksnuancen Milchschokolade, halbbittere oder bittere Schokolade erhältlich. Eignet sich zum Überziehen von Gebäck, aber auch als Teig- und Creme-Zusatz.

Mandeln
Steinfrucht des Mandelbaumes. Im Handel geschält oder ungeschält, im ganzen, gehackt, gehobelt oder gestiftelt erhältlich.

Margarine
Ideales Backfett vorwiegend aus pflanzlichen Ölen und Fetten.

Marzipan-Rohmasse
Zu etwa 200 g abgepackt im Handel erhältlich. Wird für Kuchen-und Tortenfüllungen, für Garnierungen, für Konfekt und als Teigzusatz verwendet.

Mehl
Überweigend wird die Mehltype 405 angeboten, die für alle Backrezepte verwendbar ist. Mehl muß trocken sein, nicht klumpig oder feucht.

Milch
Jede Milchsorte eignet sich zum Backen. Es kann auch Dosenmilch (eventuell verdünnt), Sahne, Buttermilch, Sauermilch oder angerührtes Milchpulver verwendet werden. Wichtig ist, daß die in dem Rezept angegebene Menge eingehalten wird.

Mohn
Samen der Mohnpflanze. Wird gemahlen als Füllung oder als Teigzusatz verwendet. Ganzen Mohnsamen nimmt man zum Bestreuen von Brötchen, Salzgebäck, Brot.

Muskatblüte (Macis)
Gewürz aus dem Samenkern der Muskatfrucht. Im Handel ganz oder gemahlen erhältlich.

Muskatnuß
Gewürz aus dem Samen der Muskatfrucht. Wird gerieben zur Verfeinerung von Gewürzgebäck und Obstkuchen verwendet.

Nelken
Blütenknospen des Gewürznelkenbaumes. Sie werden ganz oder gemahlen verwendet. Kräftig brennend-scharfer Geschmack.

Nougatmasse
Konzentrierte, weiche Rohmasse aus geschälten Nußkernen, Zucker und Kakaoerzeugnissen. Wird geschmolzen als Teigzusatz, für Kuchen- und Tortenfüllungen und für -garnierungen verwendet.

Orangeat
Kandierte Fruchtschale der Pomeranze. Im Handel meist gewürfelt, aber auch in halben Schalen erhältlich. Wird als Teigzusatz und zum Garnieren verwendet.

Piment (Nelkenpfeffer, Gewürzkörner)
Gewürz aus den getrockneten Beeren des Nelkenpfefferbaumes. Im Handel gemahlen erhältlich. Wird für Honiggebäck und Gewürzkuchen verwendet.

Pistazien
Frucht des Pistazienbaumes. Im Handel meist schon entkernt erhältlich. Werden feingehackt als Teigzusatz, grobgehackt oder halbiert zum Garnieren verwendet.

Pottasche
Weißes, geruchloses Salz (Kaliumcarbonat). Chemisches Triebmittel vor allem für Honigkuchen.

Rosenwasser
Kondensat, das bei der Gewinnung von Rosenöl anfällt. Wird zum Aromatisieren von Weihnachtsgebäck und zur Herstellung von Marzipan verwendet.

Rosinen (Sultaninen, Sultanas)
Luftgetrocknete helle und dunkle, kernlose Beeren verschiedener Arten der Weinrebe aus Griechenland, der Türkei, Kalifornien und Australien.

Safran
Getrocknete Blütenstempel aus einer Krokuspflanze des Mittelmeerraumes. Sehr aromatischer, leicht bitterer Geschmack. Wegen seiner Intensität von Farbe und Geschmack sollte Safran beim Backen nur in geringen Mengen in Rührteigen und für Kleingebäck verwendet werden.

Sahnesteif
Pulver aus besonderen Stärkeprodukten. Wird während des Schlagens der Sahne beigegeben, hält die Sahne länger als gewöhnlich steif und verhindert vor allem das Absetzen von Flüssigkeit.

Speisestärke
Bindemittel, aus Mais oder Kartoffeln gewonnen, für Cremes oder Soßen. Mit Mehl gemischt, wird es auch zur Teigzubereitung von feinen Gebäcken verwendet.

Tortenguß
In Päckchen abgepacktes Geleepulver, das mit Wasser, Obstsaft oder Wein nach Vorschrift zubereitet wird. Im Handel farblos (klar) oder rot erhältlich.

Vanillin-Zucker
Mischung aus dem künstlichen Trockenaroma Vanillin und Zucker. Ist der am meisten verwendete Vanille-Aromastoff. Im Handel in Päckchen abgepackt erhältlich.

Zimt (Kaneel)
Gewürz aus der getrockneten Rinde verschiedener Arten des Zimtbaumes. Im Handel als Stangenzimt oder gemahlen erhältlich. Kräftig aromatischer, aber leicht bitterer Geschmack.

Zitronat (Sukkade)
Kandierte Fruchtschale der Zitronatzitrone. Im Handel gewürfelt und als halbe Schalen erhältlich. Wird als Teigzusatz und zum Garnieren verwendet.

Zucker
Aus Zuckerrüben oder Zuckerrohr gewonnen. Zum Backen wird im allgemeinen Zuckerraffinade (möglichst feinkörnig wegen besserer Löslichkeit) verwendet. Für Honig- und Lebkuchen auch Farin-Zucker. Für Güsse, Glasuren und zum Bestäuben von Gebäck wird vorwiegend Puderzucker verwendet.

Garprobe

Bevor Gebäcke wie Napfkuchen, Kranzkuchen, Stollen usw. aus dem Ofen genommen werden, empfiehlt es sich, die Garprobe zu machen, d. h. mit einem Hölzchen in die Mitte des betreffenden Gebäcks stechen. Bleiben keine feuchten Krumen daran haften, ist das Gebäck gar und kann aus dem Ofen genommen werden.

Formkuchen

nach beendeter Backzeit aus dem Ofen nehmen und etwa 10 Minuten stehenlassen, bevor sie auf einen Kuchenrost gestürzt werden.

Blechkuchen

möglichst warm vom Blech nehmen, evtl. vierteln und auf einem Kuchenrost oder dem Backrost auskühlen lassen. Andernfalls schlägt sich die Feuchtigkeit aus dem Kuchen auf dem Backblech nieder. Dadurch kann der Geschmack des Gebäcks beeinträchtigt werden.

Kleingebäck

muß, sobald es genügend gebräunt ist, vom Blech genommen und einzeln nebeneinander auf einen Kuchenrost gelegt werden.

Richtiges Aufbewahren von Gebäck

Formkuchen

Das ausgekühlte Gebäck in Alufolie eingewickelt aufbewahren.

Stollen

Nach dem völligen Erkalten auf dem Kuchenrost sollte der Stollen in Alufolie eingewickelt werden. So bleibt er, wenn er kühl und trocken gelagert wird, bis zu 4 Wochen frisch, und das Aroma der Früchte und Gewürze zieht durch das Gebäck.

Plätzchen

Alle vom Backblech genommenen Plätzchen müssen auf einem Kuchenrost zunächst gut auskühlen. Erst wenn sie völlig erkaltet sind, können sie zur Aufbewahrung verpackt werden. Alle Plätzchen müssen kühl und trocken aufbewahrt werden. Plätzchen, die knusprig bleiben sollen, werden in gut schließende Dosen gelegt. Plätzchen, die weich werden sollen, bleiben an der Luft stehen, bis sie die gewünschte Beschaffenheit haben, erst dann werden sie in Dosen mit lose aufgelegtem Deckel gegeben. Das Gebäck bleibt weich, wenn eine Scheibe Brot mit in die Dose gelegt wird. Es können mehrere Sorten Gebäck gleicher Art in einer Dose aufbewahrt werden, zweckmäßigerweise jeweils getrennt durch eine Lage Alufolie oder Pergamentpapier. Stark gewürzte Plätzchen sollten gesondert verpackt werden.

Makronengebäcke

Sie dürfen nicht zu stark ausgebacken werden. Wenn sie vom Backblech genommen werden, müssen sie sich noch weich anfühlen. Während des Auskühlens auf dem Kuchenrost trocknen die Makronen ausreichend nach und behalten ihre äußere Knusprigkeit in fest verschlossenen Dosen. Makronengebäcke eignen sich nicht zum Einfrieren.

Zöpfe,
Stollen,
Kränze

Mohnrolle

Für den Teig
⅔ von

375 g Weizenmehl in eine Schüssel sieben, mit
1 Päckchen
Trocken-Hefe sorgfältig vermischen
75 g Zucker
1 Päckchen
Vanillin-Zucker
Salz
75 g zerlassene,
lauwarme Butter
oder Margarine
1 Ei
knapp 200 ml (⅕ l)
lauwarme Milch hinzufügen, mit dem Mehl verrühren, so lange schlagen, bis der Teig Blasen wirft
das restliche Mehl darunter kneten
den Teig an einem warmen Ort so lange stehenlassen, bis er etwa doppelt so hoch ist

für die Füllung
250 g gemahlenen Mohn mit
150 g zerlassener
Butter oder
Margarine
150 g Zucker
2 Eiern
25 g abgezogenen,
gemahlenen Mandeln
100 g gewürfeltem
Zitronat (Sukkade)
75 g verlesenen Rosinen
2 Tropfen
Backöl Bittermandel zu einer geschmeidigen Masse verrühren
den Teig zu einem Rechteck von 35 x 40 cm ausrollen, die Füllung gleichmäßig darauf verstreichen (an den Seiten je 2 cm frei lassen), die Ränder an den beiden kürzeren Seiten etwas einschlagen, den Teig von der längeren Seite her fest aufrollen
die Rolle auf ein gefettetes Backblech legen, an einem warmen Ort nochmals so lange stehenlassen, bis sie sich sowohl in der Breite als auch in der Höhe etwa um die Hälfte vergrößert hat
die Rolle der Länge nach etwa ½ cm tief einschneiden, mit
Dosenmilch bestreichen, in den vorgeheizten Backofen schieben
Strom: 150 – 175
Gas: 2 – 3
Backzeit: Etwa 40 Minuten

14

	für den Guß
75 g gesiebten Puderzucker	mit
1½ – 2 Eßl. Zitronensaft	glattrühren, so daß eine dickflüssige Masse entsteht
	das Gebäck sofort nach dem Backen damit bestreichen, mit
abgezogenen, gehobelten Mandeln	bestreuen.

Amerikaner

	Für den Teig
100 g Butter oder Margarine	geschmeidig rühren, nach und nach
100 g Zucker	
1 Päckchen Vanillin-Zucker	
2 Eier	
Salz	hinzugeben
1 Päckchen Pudding-Pulver Vanille-Geschmack	mit
3 Eßl. Milch	hinzufügen
250 g Weizenmehl	mit
9 g (3 gestrichene Teel.) Backpulver Backin	mischen, sieben, eßlöffelweise unterrühren
	mit 2 Eßlöffeln nicht zu große Teighäufchen auf ein gefettetes Backblech setzen
Strom:	175 – 200
Gas:	5 Minuten vorheizen 3 – 4, backen 3 – 4
Backzeit:	15 – 20 Minuten

	für hellen Guß
100 g gesiebten Puderzucker	mit
etwa 1 Eßl. heißem Wasser	glattrühren, so daß eine dickflüssige Masse entsteht die Hälfte der Amerikaner auf der Unterseite mit dem Guß bestreichen

	für dunklen Guß
100 g gesiebten Puderzucker	mit
15 g Kakao	mischen, sieben, mit
etwa 2 Eßl. heißem Wasser	glattrühren, so daß eine dickflüssige Masse entsteht die restlichen Amerikaner auf der Unterseite mit dem Guß bestreichen.

Zopf
(Abb. S. 17)

500 g Weizenmehl	in eine Schüssel sieben, mit
1 Päckchen Trocken-Hefe	sorgfältig vermischen
Salz, 75 g Zucker ½ Fläschchen Rum-Aroma 3 Tropfen Backöl Zitrone 3 Tropfen Backöl Bittermandel je 1 Messerspitze gemahlenen Kardamom, gemahlene Muskatblüte 200 g zerlassene, abgekühlte Butter 2 Eier, 1 Eiweiß 6 Eßl. lauwarme Milch	hinzufügen, alles mit einem elektrischen Handrührgerät mit Knethaken zuerst auf der niedrigsten, dann auf der höchsten Stufe in etwa 5 Minuten zu einem Teig verarbeiten
125 g Rosinen 125 g Korinthen	beide Zutaten verlesen
50 g abgezogene, gemahlene Mandeln 50 g gewürfeltes Zitronat	

alle Zutaten mit dem Handrührgerät unter den Teig kneten, sollte er kleben, noch etwas Mehl hinzufügen (aber nicht zu viel, Teig muß weich bleiben)
den Teig an einem warmen Ort so lange stehenlassen, bis er etwa doppelt so hoch ist, ihn dann mit dem Handrührgerät auf der höchsten Stufe nochmals gut durchkneten
⅔ des Teiges in 3 gleich große Stücke teilen, von jedem Teigstück eine 40 cm lange Rolle formen, zu einem Zopf flechten, die Enden des Zopfes gut zusammendrücken, damit sie sich beim Backen nicht lösen
den Zopf auf ein gefettetes Backblech legen, mit einem Rollholz der Länge nach eine Vertiefung eindrücken

1 Eigelb, 1 Eßl. Milch verschlagen, die Vertiefung mit etwas davon bestreichen
von dem Rest des Teiges 3 etwa 35 cm lange Rollen formen, daraus einen Zopf flechten, auf den größeren legen, ebenfalls mit Eigelb bestreichen
den Zopf nochmals an einem warmen Ort so lange stehenlassen, bis er sich sowohl in der Breite wie in der Höhe etwa um die Hälfte vergrößert hat, ihn erst dann in den vorgeheizten Backofen schieben

Strom:	175 – 200
Gas:	3 – 4
Backzeit:	Etwa 35 Minuten.

16

Aprikosenzopf
(Abb. S. 18)

150 g getrocknete, grobgehackte Aprikosen **75 g abgezogene, gehackte Mandeln** **50 g feingewürfeltes Zitronat (Sukkade)** **25 g feingewürfeltes Orangeat**	mischen, mit
2 Eßl. Arrak	beträufeln, gut durchziehen lassen
500 g Weizenmehl	in eine Schüssel sieben, mit
1 Päckchen Trocken-Hefe	sorgfältig vermischen
100 g Zucker **150 g zerlassene, lauwarme Butter** **200 ml (⅕ l) lauwarme Milch** **1 Ei** **ausgekratztes Mark von ½ Vanilleschote** **abgeriebene Schale von ½ Zitrone (unbehandelt)** **Salz**	hinzufügen, alles mit einem elektrischen Handrührgerät mit Knethaken zuerst auf der niedrigsten, dann auf der höchsten Stufe in etwa 5 Minuten zu einem Teig verarbeiten, die übrigen Zutaten unterkneten den Teig an einem warmen Ort so lange stehenlassen, bis er etwa doppelt so hoch ist, ihn dann auf höchster Stufe nochmals gut durchkneten den Teig in 3 gleich große Stücke teilen, von jedem Teigstück eine 35 – 40 cm lange Rolle formen, zu einem Zopf flechten, die Enden des Zopfes gut zusammendrücken, damit sie sich beim Backen nicht lösen den Zopf auf ein gefettetes Backblech legen, nochmals an einem warmen Ort so lange stehenlassen, bis er sich in der Breite wie in der Höhe etwa um die Hälfte vergrößert hat, erst dann in den vorgeheizten Backofen schieben
Strom:	175 – 200
Gas:	3 – 4
Backzeit:	Etwa 60 Minuten nach dem Backen den noch heißen Zopf mit
75 g zerlassener Butter	bestreichen, mit
75 g Puderzucker	bestäuben.
Tip:	Aprikosenzopf vor dem 1. Advent backen. In Alufolie verpackt hält er sich einige Zeit frisch.

Stollen – einmal anders

Für den Brandteig

250 ml (¼ l) Wasser
100 g Butter
oder Margarine — am besten in einem Stieltopf zum Kochen bringen
125 g Weizenmehl — sieben, auf einmal in die von der Kochstelle genommene Flüssigkeit schütten, zu einem glatten Kloß verrühren, unter Rühren etwa 1 Minute erhitzen, den heißen Kloß sofort in eine Rührschüssel geben
nach und nach

3 Eier
25 g (1 gut gehäufter Eßl.)
Zucker — unterrühren

für den Rührteig

150 g Schweineschmalz
50 g Rinderfett — beide Zutaten zerlassen, kalt stellen
100 g Zucker
1 Päckchen Vanillin-
Zucker
Salz — in das erkaltete, etwas festgewordene Fett geben, rühren, bis Fett und Zucker weißschaumig geworden sind
nach und nach

1 Ei
1 Eigelb
4 Tropfen
Backöl Bittermandel
1 Fläschchen
Rum-Aroma
4 Tropfen
Backöl Zitrone
1 Messerspitze
gemahlenen Kardamom
1 Messerspitze
gemahlene Muskatblüte — hinzufügen
400 g Weizenmehl — mit
1 Päckchen
Backpulver Backin — mischen, sieben, knapp die Hälfte davon unter die Fett-Zucker-Masse rühren, das restliche Mehl auf die Tischplatte geben, darauf den Rührteig und den Brandteig geben

125 g Korinthen
125 g Rosinen — beide Zutaten verlesen, mit
100 g gewürfeltem
Zitronat (Sukkade)
oder Orangeat
100 g abgezogenen,
gehackten Mandeln — hinzufügen, alles schnell zu einem glatten Teig verkneten, sollte er kleben, noch etwas Weizenmehl hinzufügen
den Teig zu einem Stollen formen, auf ein mit

	Pergamentpapier belegtes Backblech legen, mit
1 Eiweiß	bestreichen
Strom:	Vorheizen 250, backen 160 – 180
Gas:	2 – 3
Backzeit:	50 – 60 Minuten
75 – 100 g Butter	zerlassen, den Stollen sofort nach dem Backen damit bestreichen, mit
Puderzucker	bestäuben.

Marzipan-Rosenkuchen

Für die Füllung

200 g abgezogene, gemahlene Mandeln	mit
150 g gesiebtem Puderzucker	
3 Tropfen Backöl Bittermandel	
1 Eiweiß	
4 – 5 Eßl. Wasser	unter ständigem Rühren so lange erwärmen, bis eine gleichmäßige Masse entstanden ist, etwas abkühlen lassen

für den Teig

200 g Speisequark	mit
6 Eßl. Milch	
1 Ei	
8 Eßl. (125 ml) Speiseöl	
100 g Zucker	
1 Päckchen Vanillin-Zucker	
Salz	verrühren
400 g Weizenmehl	mit
1 Päckchen und 6 g (2 gestr. Teel) Backpulver Backin	mischen, sieben, die Hälfte davon unterrühren, den Rest des Mehls unterkneten den Teig zu einem Rechteck von etwa 50 x 40 cm ausrollen die Füllung auf dem Teig verteilen
100 g Rosinen	
50 g Korinthen	beide Zutaten verlesen, über die Mandelmasse streuen den Teig von der längeren Seite her aufrollen die Rolle in 16 Stücke schneiden, diese in eine gefettete Springform (Durchmesser etwa 28 cm) legen
1 Eigelb	mit
1 Eßl. Milch	verschlagen, den Teig damit bestreichen
Strom:	175 – 200 (vorgeheizt)
Gas:	3 – 4 (nicht vorgeheizt)
Backzeit:	50 – 65 Minuten.

Feiner Napfkuchen

	Für den Teig
350 g Butter	geschmeidig rühren, nach und nach
300 g Zucker	
1 Päckchen Vanillin-Zucker	
4 Eier	unterrühren
350 g Weizenmehl	mit
50 g Speisestärke	
6 g (2 gestrichene Teel.) Backpulver Backin	mischen, sieben, eßlöffelweise unterrühren den Teig in die gefettete Napfkuchenform füllen
Strom:	175 – 200, **Gas:** 2 – 3
Backzeit:	Etwa 1 Stunde
	für den Guß
100 g zartbittere Schokolade	in kleine Stücke brechen, mit
etwa 25 g Kokosfett	in einem kleinen Topf im Wasserbad bei schwacher Hitze zu einer geschmeidigen Masse verrühren den erkalteten Kuchen damit überziehen.

Stollen

500 g Weizenmehl	mit
1 Päckchen Backpulver	mischen, auf die Tischplatte sieben, in die Mitte eine Vertiefung eindrücken
175 g Zucker	
1 Päckchen Vanillin-Zucker, Salz	
4 Tropfen Backöl Bittermandel	
1 Fläschchen Rum-Aroma	
4 Tropfen Backöl Zitrone	
je 1 Messerspitze gemahlenen Kardamom, gemahlene Muskatblüte	
2 Eier	hineingeben, mit einem Teil des Mehls zu einem dicken Brei verarbeiten
175 g kalte Butter	in Stücke schneiden, auf den Brei geben
125 g Korinthen	
250 g Rosinen	beide Zutaten verlesen, mit
250 g Speisequark	
150 g abgezogenen, gemahlenen Mandeln	

50 g gewürfeltem Zitronat (Sukkade)	darauf geben, mit Mehl bedecken
	von der Mitte aus alle Zutaten schnell zu einem glatten Teig verkneten, sollte er kleben, noch etwas Mehl hinzugeben
	den Teig zu einem Stollen formen, auf ein mit Pergamentpapier belegtes Backblech legen
Strom:	Vorheizen 250, backen 160 – 180
Gas:	2 – 3
Backzeit:	50 – 60 Minuten
	den Stollen sofort nach dem Backen mit
100 g zerlassener Butter	bestreichen, mit
50 g Puderzucker	bestäuben, zum Auskühlen auf einen Kuchenrost legen.
Tip:	Stollen schon etwa 4 Wochen vor Weihnachten backen. In Alufolie verpacken, kühl und trocken lagern. So bleibt er frisch und bekommt noch mehr Aroma.

Napfkuchen

500 g Weizenmehl	in eine Schüssel sieben, mit
1 Päckchen Trocken-Hefe	sorgfältig vermischen
150 g Zucker	
1 Päckchen Vanillin-Zucker	
6 Tropfen Backöl Zitrone	
Salz	
200 g zerlassene, lauwarme Butter	
3 Eier	
knapp 200 ml (⅕ l) lauwarme Milch	hinzufügen, alles mit einem elektrischen Handrührgerät mit Knethaken zuerst auf der niedrigsten, dann auf der höchsten Stufe in etwa 5 Minuten zu einem Teig verarbeiten
	den Teig an einem warmen Ort so lange stehenlassen, bis er etwa doppelt so hoch ist, den Teig dann auf höchster Stufe gut durchkneten
50 g abgezogene, gehackte Mandeln	
50 g gewürfeltes Zitronat (Sukkade)	
50 g verlesene Rosinen	hinzufügen, in eine gefettete, mit
Semmelmehl	ausgestreute Napfkuchenform (Durchmesser etwa 22 cm) füllen, nochmals an einem warmen Ort so lange stehenlassen, bis er etwa um ⅓ höher ist, erst dann in den Backofen schieben
Strom:	175 – 200 (vorgeheizt)
Gas:	2 – 3 (nicht vorgeheizt)
Backzeit:	Etwa 50 Minuten.

Gefüllter Kranz
(Abb. S. 28)

	Für den Teig
500 g Weizenmehl	in eine Schüssel sieben, mit
1 Päckchen	
Trocken-Hefe	sorgfältig vermischen
100 g Zucker	
Salz	
1 Ei	
125 g zerlassene,	
lauwarme Butter	
knapp 200 ml (⅕ l)	
lauwarme Milch	hinzufügen, alles mit einem elektrischen Handrührgerät mit Knethaken zuerst auf der niedrigsten, dann auf der höchsten Stufe in etwa 5 Minuten zu einem Teig verarbeiten
	den Teig an einem warmen Ort so lange stehenlassen, bis er etwa doppelt so hoch ist, ihn dann auf der höchsten Stufe nochmals gut durchkneten, zu einem Rechteck von 40 x 50 cm ausrollen, mit
50 g weicher Butter	bestreichen, in der Mitte der Länge nach durchschneiden
	für die Füllung
75 g Korinthen	
125 g Rosinen	verlesen, mit
50 g gewürfeltem	
Zitronat (Sukkade)	
50 g abgezogenen,	
gehackten Mandeln	
50 g Zucker	
1 Päckchen	
Vanillin-Zucker	mischen, so auf die Teigstücke streuen, daß an der durchgeschnittenen Seite je 2 cm frei bleiben, jede Teighälfte von der längeren Seite her von außen nach innen aufrollen, die Rollen umeinanderschlingen, als Kranz auf ein gefettetes Backblech legen, mit
Dosenmilch	bestreichen, die aufliegenden Rollen mit einem in Wasser getauchten Messer etwa 1 cm tief einschneiden
	den Kranz nochmals so lange an einem warmen Ort stehenlassen, bis er etwa um die Hälfte höher ist, erst dann in den vorgeheizten Backofen schieben
Strom:	175 – 200
Gas:	3 – 4
Backzeit:	25 – 35 Minuten
	für den Guß
50 g Puderzucker	sieben, mit
etwa 1 Eßl. heißem	
Wasser	glattrühren, so daß eine dickflüssige Masse entsteht
	den Kranz sofort nach dem Backen damit bestreichen.

Honig-Sirup-Gebäcke

Liegnitzer Bomben

Falls keine Backringe vorhanden sind, lassen sich Backförmchen für „Liegnitzer" auf einfache Weise herstellen: Alufolie so legen, daß 12mal ein 15 cm langes Stück Folie aufeinanderliegt, auf das oberste Stück Folie 2 Kreise von jeweils 15 cm Durchmesser nebeneinander aufzeichnen, so ausschneiden, daß 24 runde Folienblätter entstehen, diese Folienblätter einzeln mit der blanken Seite auf den Boden eines umgedrehten Bechers (z. B. Joghurtbecher) legen, die überstehende Folie fest andrücken, so daß Förmchen mit einem gleichmäßig hohen Rand entstehen

für den Teig

200 g Honig	mit
125 g Zucker	
65 g Butter	
2 Eßl. Milch	langsam erwärmen, zerlassen, in eine Rührschüssel geben, kalt stellen, unter die fast erkaltete Masse
2 Eier	
¼ Fläschchen Backöl Zitrone	
etwas gemahlenen Kardamom	
½ gestrichenen Teel. gemahlene Nelken	
1 gestr. Teel. gemahlenen Zimt	rühren
250 g Weizenmehl	mit
25 g Kakao	
9 g (3 gestrichene Teel.) Backpulver	mischen, sieben, eßlöffelweise unterrühren
65 g Korinthen	verlesen, mit
65 g abgezogenen, gehackten Mandeln	
65 g gewürfeltem Zitronat (Sukkade)	unter den Teig heben, ihn eßlöffelweise in die gefetteten Folienförmchen verteilen, auf Backbleche stellen
Strom:	175 – 200 (vorgeheizt), **Gas:** 3 – 4 (nicht vorgeheizt)
Backzeit:	10 – 15 Minuten
	sofort nach dem Backen das Gebäck aus den Förmchen lösen, erkalten lassen
175 g Konfitüre	durch ein Sieb streichen, mit
2 Eßl. Wasser	aufkochen, das erkaltete Gebäck dünn damit bestreichen
	für den Guß
etwa 200 g Kuvertüre	in einem kleinen Topf im Wasserbad bei schwacher Hitze zu einer geschmeidigen Masse verrühren, die „Liegnitzer" damit überziehen.

Quarkstollen,
Rezept S. 180

Glasierter Honigkuchen

	Für den Teig
500 g Honig	mit
75 g Zucker	
1 Päckchen Vanillin-Zucker	
100 g Butter	
1 Teel. Instant-Kaffee	
2 Eßl. Milch	langsam erwärmen, zerlassen, in eine Rührschüssel geben, kalt stellen
	unter die fast erkaltete Masse nach und nach
2 Eier, Salz	
1 gestrichenen Eßl. gemahlenen Zimt	
½ gestrichenen Teel. gemahlene Nelken	
½ gestrichenen Teel. gemahlenen Ingwer	
½ gestrichenen Teel. gemahlenen Kardamom	
2 Tropfen Backöl Bittermandel	rühren
500 g Weizenmehl	mit
1 Päckchen Backpulver Backin	mischen, sieben, eßlöffelweise unterrühren
100 g gehackte Haselnußkerne	
50 g feingewürfeltes Zitronat (Sukkade)	zuletzt unter den Teig heben
	den Teig etwa 1 cm dick auf ein gefettetes Backblech streichen, vor den Teig ein mehrfach umgeknicktes, gefettetes Stück Pergamentpapier legen
	den Teig so mit
50 g abgezogenen, halbierten Mandeln	belegen, daß sich nach dem Backen Quadrate von etwa 8 x 8 cm schneiden lassen, das Backblech in den vorgeheizten Backofen schieben
Strom:	175 – 200
Gas:	3 – 4
Backzeit:	25 – 30 Minuten
	zum Bestreichen in einem kleinen Topf
50 g Zucker	
2 Eßl. Wasser	unter Rühren kurz aufkochen lassen, das noch heiße Gebäck damit bestreichen.

Gefüllter Kranz,
Rezept S. 24

Honigkuchen

250 g Honig	mit
100 g Butter oder	
Margarine	langsam erwärmen, zerlassen, in eine Rührschüssel geben, kalt stellen, unter die fast erkaltete Masse
10 g Back-Kakao	
2 gestrichene Teel.	
gemahlenen Zimt	
2 gestrichene Teel.	
gemahlenen Ingwer	
1½ Teel. gemahlene	
Nelken	
Salz	
50 g gestoßenen	
braunen Kandiszucker	
(Grümmel)	
50 g feingewürfeltes	
Zitronat (Sukkade)	
2 Eier	
2 Eßl. Weinbrand	
einige Tropfen	
Backöl Zitrone	rühren
200 g Weizenmehl	
6 g (2 gestrichene Teel.)	
Backpulver Backin	mischen, sieben, eßlöffelweise unterrühren

den Teig in eine mit Pergamentpapier ausgelegte, gefettete Kastenform (30 x 11 cm) füllen

Strom:	175 – 200 (vorgeheizt)
Gas:	3 – 4 (nicht vorgeheizt)
Backzeit:	Etwa 60 Minuten.

Lebkuchensterne

Für den Teig

125 g Honig	mit
200 g Zucker	
1 Päckchen Vanillin-	
Zucker	
150 g Butter	
oder Margarine	
4 Eßl. Milch	langsam erwärmen, zerlassen, in eine Rührschüssel geben, kalt stellen
	unter die fast erkaltete Masse
3 Tropfen Backöl	
Bittermandel	
1 gestrichenen Teel.	
gemahlenen Zimt	rühren

400 g Weizenmehl **2 gestr. Eßl. Kakao** **100 g Speisestärke** **1 Päckchen** **Backpulver Backin**	mischen, sieben, ⅔ davon eßlöffelweise unterrühren, den Rest unterkneten sollte der Teig kleben, noch etwas Mehl hinzugeben den Teig etwa ½ cm dick ausrollen, Sterne ausstechen, auf ein gefettetes Backblech legen zum Aufhängen jeweils in einer Sternspitze ein kleines Loch ausstechen, in den vorgeheizten Backofen schieben
Strom:	175 – 200
Gas:	3 – 4
Backzeit:	10 – 15 Minuten

	zum Verzieren
200 g Zitronen-Glasur	mit
etwa 2 Eßl. Wasser	zu einer spritzfähigen Masse verrühren, mit
Lebensmittelfarbe	färben mit Hilfe eines Pergamentpapiertütchens die Sterne mit dem Guß verzieren.

Braune Weihnachtskuchen

250 g Honig	mit
125 g Zucker	
Salz, 65 g Butter	
65 g Schweineschmalz	
1 Eßl. Milch	langsam erwärmen, zerlassen, in eine Rührschüsel geben, kalt stellen, unter die fast erkaltete Masse
5 Tropfen **Backöl Zitrone** **1 gestrichenen Teel.** **gemahlenen Kardamom** **1 gestrichenen Teel.** **gemahlenen Zimt**	rühren
500 g Weizenmehl	mit
9 g (3 gestrichene Teel.) **Backpulver Backin**	mischen, sieben, ⅔ davon eßlöffelweise unterrühren, den Rest des Mehls mit
30 g gemahlenen **Haselnußkernen**	unter den Teigbrei kneten, sollte er kleben, noch etwas Mehl hinzugeben, den Teig dünn ausrollen, zu rechteckigen oder runden Plätzchen ausstechen, auf ein gefettetes Backblech legen, dünn mit
Dosenmilch	bestreichen, in den vorgeheizten Backofen schieben
Strom:	175 – 200
Gas:	3 – 4
Backzeit:	Etwa 10 Minuten.

Würziger Honigkuchen

Für den Teig

175 g Honig	kurz aufkochen lassen, kalt stellen
200 g Zucker	mit
1 Päckchen Vanillin-Zucker, 3 Eiern	
1 gut gehäuften Teel. gemahlenem Zimt	
1 Messerspitze gemahlenen Nelken	
abgeriebener Schale von ½ Zitrone (unbehandelt)	nach und nach unterrühren
500 g Weizenmehl	mit
1 Päckchen Backpulver	mischen, sieben, eßlöffelweise unterrühren den Teig auf ein gefettetes Backblech geben, leicht mit Mehl bestäuben, etwa 1 cm dick ausrollen, in Abständen so mit
etwa 100 g geviertelten Walnußkernen	belegen, daß sich nach dem Schneiden die Nüsse in der Mitte der einzelnen Stücke befinden (Größe nach Belieben)
Strom:	175 – 200
Gas:	5 Minuten vorheizen 3 – 4, backen 3 – 4
Backzeit:	15 – 20 Minuten

für den Guß

50 g Zucker	mit
2 Eßl. Wasser	zum Kochen bringen, unter ständigem Rühren etwa 1 Minute kochen lassen das noch warme Gebäck mit dem Guß bestreichen nach dem Erkalten in Stücke schneiden.

Honigkranz

250 g Honig	mit
1 Päckchen Vanillin-Zucker	
150 g Butter oder Margarine	langsam erwärmen, zerlassen, kalt stellen unter die fast erkaltete Masse nach und nach
2 Eier	
3 Eßl. Aprikosen-Konfitüre	
2 gestrichene Teel. gemahlenen Zimt	
je 1 Messerspitze gemahlene Nelken, gemahlenen Kardamom	

2 Tropfen Backöl
Bittermandel
1 Fläschchen
Rum-Aroma   rühren
375 g Weizenmehl   mit
2 gestr. Eßl. Kakao
12 g (4 gestrichene Teel.)
Backpulver Backin   mischen, sieben, eßlöffelweise unterrühren
100 g abgezogene,
gehackte Mandeln
125 g verlesene Korinthen   zuletzt unterrühren
den Teig in eine gefettete Kranzform (Durchmesser etwa
24 cm) füllen

Strom: 175 – 200 (vorgeheizt), **Gas:** 3 – 4 (nicht vorgeheizt)
Backzeit: Etwa 40 Minuten.

Honigplätzchen

Für den Teig
125 g Honig   mit
200 g Zucker
4 Eßl. Milch
100 g Butter   langsam erwärmen, zerlassen, in eine Rührschüssel geben,
kalt stellen, unter die fast erkaltete Masse

1 Päck. Vanillin-Zucker
3 Tropfen
Backöl Bittermandel
1 gestrichenen Teel.
gemahlenen Zimt   rühren
400 g Weizenmehl   mit
20 g Kakao
100 g Speisestärke
1 Päckchen Backpulver   mischen, sieben, ⅔ davon eßlöffelweise unterrühren, den
Rest des Mehls mit

75 g abgezogenen,
gehackten Mandeln   unter den Teigbrei kneten, sollte er kleben, noch etwas Mehl
hinzugeben, den Teig etwa ½ cm dick ausrollen, mit einer
runden Form (Durchmesser etwa 8 cm) ausstechen, auf ein
gefettetes Backblech legen
zum Bestreichen

1 schwach gehäuften
Teel. Kartoffelmehl   mit
6 Eßl. kaltem Wasser   anrühren, zum Kochen bringen, kurz aufkochen, abkühlen
lassen, die Plätzchen dünn damit bestreichen
100 – 125 g Mandeln   abziehen, halbieren, die Plätzchen damit garnieren, in den
vorgeheizten Backofen schieben
Strom: 175 – 200, **Gas:** 2 – 3
Backzeit: Etwa 20 Minuten.

Nußprinten

Etwa 200 g enthäutete Haselnußkerne	halbieren
	für den Teig
125 g Sirup (Rübenkraut)	mit
50 g Zucker, 50 g Butter	
2 Eßl. Milch	langsam erwärmen, zerlassen, kalt stellen
50 g braunen Kandiszucker	in kleine Stücke schlagen, mit
3 Tropfen Backöl Zitrone	
je ½ gestrichenen Teel. gemahlenem Anis, gemahlenen Nelken, gemahlenem Zimt	unter die fast erkaltete Masse rühren
250 g Weizenmehl	
9 g (3 gestrichene Teel.) Backpulver Backin	mischen, sieben, ⅔ davon eßlöffelweise unterrühren, den Rest des Mehls unter den Teigbrei kneten, sollte er kleben, ihn eine Zeitlang kalt stellen den Teig etwa ½ cm dick ausrollen, Rechtecke von etwa 2½ x 7 cm daraus schneiden, auf ein gefettetes Backblech legen, die Haselnußhälften dicht auf die Teigstücke legen
Strom:	175 – 200
Gas:	5 Minuten vorheizen 3 – 4, backen 3 – 4
Backzeit:	Etwa 10 Minuten
	für den Guß
150 – 200 g Kuvertüre	in einem kleinen Topf im Wasserbad bei schwacher Hitze glattrühren, die erkalteten Printen damit überziehen.

Honigkranz „Liegnitzer Art"

400 g Honig	mit
250 g Zucker	
1 Päck. Vanillin-Zucker	
150 g Butter	
6 Eßl. Milch	langsam erwärmen, zerlassen, kalt stellen unter die fast erkaltete Masse nach und nach
3 Eier	
1 Fläschchen Rum-Aroma	
3 Tropfen Backöl Bittermandel	
1 Teel. gemahlenen Zimt	
½ Teel. Ingwerpulver	
je 1 Messerspitze gemahlenen Kardamom,	

gemahlene Muskatblüte,	
gemahlene Nelken	rühren
500 g Weizenmehl	mit
1 Päckchen Backpulver	mischen, sieben, eßlöffelweise unterrühren
150 g Walnußkerne	
150 g getrocknete	
Aprikosen	
150 g getrocknete Feigen	
150 g getrocknete	
Datteln (ohne Steine)	in kleine Stücke schneiden, zuletzt unter den Teig rühren
	den Teig in eine gefettete Kranzform (Durchmesser etwa 26 cm) füllen
Strom:	175 – 200 (vorgeheizt), **Gas:** 2 – 3 (nicht vorgeheizt)
Backzeit:	Etwa 75 Minuten
	nach Belieben das Gebäck mit
Puderzuckerguß	
halbierten Walnußkernen	verzieren.

Honigplätzchen mit Zimtguß

	Für den Teig
250 g Honig	mit
100 g Zucker	
Salz, 100 g Margarine	langsam erwärmen, zerlassen, in eine Rührschüssel geben, kalt stellen, unter die fast erkaltete Masse
2 Eßl. Milch oder Wasser	
3 Tropfen Backöl Zitrone	
je 1 gestrichenen Teel.	
gemahlenen Anis,	
gemahlene Nelken,	
gemahlenen Zimt	rühren
500 g Weizenmehl	mit
9 g (3 gestrichene Teel.)	
Backpulver Backin	
20 g Kakao	mischen, sieben, nach und nach ⅔ davon unterrühren, den Rest des Mehls darunter kneten, sollte der Teig kleben,
etwas Weizenmehl	hinzufügen
	den Teig dünn ausrollen, Rechtecke von 2 x 6 cm daraus rädern, auf ein gefettetes Backblech legen
Strom:	175 – 200
Gas:	5 Minuten vorheizen 3 – 4, backen 3 – 4
Backzeit:	Etwa 10 Minuten
	für den Zimtguß
175 g Puderzucker	mit
1 gestrichenen Teel.	
gemahlenem Zimt	mischen, sieben, mit
3 – 4 Eßl. heißem Wasser	glattrühren, so daß eine dünnflüssige Masse entsteht die erkalteten Honigplätzchen damit bestreichen.

Feiner Honigkuchen

Für den Teig

375 g Honig	mit
125 g Zucker	
1 Päck. Vanillin-Zucker	
100 g Margarine	
100 g Schweineschmalz	langsam erwärmen, zerlassen, in eine Rührschüssel geben, kalt stellen, unter die fast erkaltete Masse
2 Eier	
3 gestrichene Teel. gemahlenen Zimt	
½ gestrichenen Teel. gemahlenen Kardamom	
½ gestrichenen Teel. gemahlene Nelken	
4 Tropfen Backöl Bittermandel	
1 Fläschchen Rum-Aroma	
abgeriebene Schale von 1 Apfelsine (unbehandelt)	rühren
500 g Weizenmehl	mit
1 Päckchen Backpulver Backin	
30 g Back-Kakao	mischen, sieben, nach und nach eßlöffelweise abwechselnd mit
knapp 125 ml (⅛ l) Milch	unterrühren
150 g Korinthen	verlesen
100 g Haselnußkerne	grob hacken
100 g Zitronat (Sukkade)	in kleine Würfel schneiden die Zutaten zuletzt unter den Teig heben, ihn gut 1 cm dick auf ein gefettetes Backblech streichen, vor den Teig ein mehrfach umgeknicktes Stück Alufolie legen, in den vorgeheizten Backofen schieben
Strom:	175 – 200, **Gas:** 3 – 4
Backzeit:	25 – 30 Minuten den Honigkuchen auf dem Backblech erkalten lassen *für den Guß*
150 g Puderzucker	mit
30 g Kakao	mischen, sieben, mit
etwa 2 Eßl. heißem Wasser	glattrühren, so daß eine dickflüssige Masse entsteht
20 g Kokosfett	zerlassen, heiß darunter rühren den Kuchen damit bestreichen, sofort mit einem scharfen Messer in Stücke von 6 x 6 cm schneiden.

Bunte Lebkuchenplätzchen,
Rezept S. 185

Mandel-Honig-Schnitten

	Für den Teig
300 g Weizenmehl	mit
6 g (2 gestrichene Teel.)	
Backpulver Backin	mischen, auf die Tischplatte sieben, in die Mitte eine Vertiefung eindrücken
100 g Zucker	
1 Päckchen Vanillin-	
Zucker	
einige Tropfen Backöl	
Zitrone	
Salz, 1 Ei	hineingeben, mit einem Teil des Mehls zu einem dicken Brei verarbeiten
125 g kalte Butter	in Stücke schneiden, auf den Brei geben, mit Mehl bedeckt, von der Mitte aus alle Zutaten schnell zu einem glatten Teig verkneten, sollte er kleben, ihn eine Zeitlang kalt stellen
	den Teig auf einem gefetteten Backblech ausrollen, im vorgeheizten Backofen hellgelb backen
Strom:	175 – 200, **Gas:** 3 – 4
Backzeit:	Etwa 20 Minuten
	für den Belag
100 g Zucker	mit
75 g Honig	
30 g Butter	
3 Eßl. Milch	langsam erwärmen, zerlassen, kurz aufkochen lassen
2 – 3 Tropfen Backöl	
Bittermandel	
150 g abgezogene,	
gehobelte Mandeln	
60 g gehackte	
Haselnußkerne	
6 kleingeschnittene	
Belegkirschen	
30 gewürfelte	
Sukkade (Zitronat)	unterrühren, die Masse etwas erkalten lassen, gleichmäßig auf den Gebäckboden streichen
Strom:	175 – 200, **Gas:** 3 – 4
Backzeit:	Etwa 10 Minuten
	das etwas erkaltete Gebäck in kleine Quadrate schneiden
	für den Guß
200 g Puderzucker	mit
30 g Kakao	mischen, sieben, mit
4 Eßl. heißem Wasser	glattrühren, so daß eine dickflüssige Masse entsteht
30 g Kokosfett	zerlassen, unterrühren, je zwei gegenüberliegende Ecken der Mandelschnitten in den Guß tauchen.

Gewürzstern,
Rezept S. 183

Honigbrot

Für den Teig

250 g Honig	mit
200 g Zucker	
65 g Butter	
125 ml (⅛ l) Malzbier	langsam erwärmen, zerlassen, in eine Rührschüssel geben, kalt stellen, unter die fast erkaltete Masse
je ½ gestrichenen Teel. gemahlenen Kardamom, gemahlene Nelken	
1 gestrichenen Teel. gemahlenen Zimt	
1 Ei, 1 Fläschchen Rum-Aroma	
6 Tropfen Backöl Zitrone	
3 Tropfen Backöl Bittermandel	rühren
500 g Weizenmehl	mit
1 Päckchen Backpulver	mischen, sieben, eßlöffelweise unterrühren

den Teig gut 1 cm dick auf ein gefettetes Backblech streichen, einen mehrfach umgeknickten, gefetteten Streifen Alufolie vor den Teig legen, in den vorgeheizten Backofen schieben

Strom:	175 – 200, **Gas:** 3 – 4
Backzeit:	Etwa 20 Minuten

für den Guß

100 g Puderzucker	sieben, mit
etwa 2 Eßl. heißem Wasser	glattrühren, so daß eine dickflüssige Masse entsteht, das Gebäck sofort nach dem Backen damit bestreichen, in etwa 5 x 6 cm große Stücke schneiden

das erkaltete Honigbrot in einer gut schließenden Blechdose aufbewahren.

Nürnberger Lebkuchen

Für den Teig

175 g Honig oder Sirup	mit
50 g Zucker	
2 Eßl. Speiseöl	
2 Eßl. Wasser	langsam erwärmen, zerlassen, in eine Rührschüssel geben, kalt stellen, unter die fast erkaltete Masse
1 Eigelb	
1 gehäuften Teel. Kakao	
6 Tropfen Backöl Zitrone	

1 Messerspitze gemahlenen Piment 1 gestrichenen Teel.	
gemahlenen Zimt	rühren
250 g Weizenmehl	mit
9 g (3 gestrichene Teel.) Backpulver Backin	mischen, sieben, ⅔ davon eßlöffelweise unterrühren, den Rest des Mehls mit
75 g abgezogenen, gemahlenen Mandeln 75 g gemahlenen Haselnußkernen 50 g gewürfeltem Zitronat (Sukkade) 75 g getrockneten Aprikosen (in Stücke geschnitten)	unter den Teigbrei kneten, gut ½ cm dick ausrollen, mit einer runden Form (Durchmesser etwa 8 cm) ausstechen oder Rechtecke von 9 x 6 cm ausrädern, auf ein gefettetes Backblech legen, in den vorgeheizten Backofen schieben
Strom:	175 – 200, **Gas:** 2 – 3
Backzeit:	15 – 20 Minuten
	für den Guß
125 g Puderzucker	sieben, mit
1 Eiweiß	verrühren, ist der Guß zu fest, noch
einige Tropfen Wasser	unterrühren, die Lebkuchen dünn damit bestreichen.

Spitzkuchen

50 g Zucker, 175 g Sirup Salz, 2 Eßl. Speiseöl	mit langsam erwärmen, zerlassen, in eine Rührschüssel geben, kalt stellen, unter die fast erkaltete Masse
1 gehäuften Teel. Kakao 1 Ei, 6 Tropfen Backöl Zitrone 1 Messerspitze gemahlenen Piment 1 gestrichenen Teel.	
gemahlenen Zimt	rühren
250 g Weizenmehl	mit
9 g (3 gestrichene Teel.) Backpulver Backin	mischen, sieben, ⅔ davon eßlöffelweise unterrühren den Rest des Mehls mit
75 g abgezogenen, gehackten Mandeln	unter den Teigbrei kneten, sollte er kleben, ihn eine Zeitlang kalt stellen

Fortsetzung Seite 42

41

aus dem Teig knapp 2 cm dicke Rollen in der Länge des Backblechs formen, nicht zu dicht nebeneinander auf das gefettete Backblech legen, etwas flachdrücken, im vorgeheizten Backofen hellbraun backen

Strom: 175 – 200, **Gas:** 3 – 4
Backzeit: Etwa 12 Minuten
die erkalteten Rollen in Dreiecke schneiden, mit

125 g heißem
Johannisbeergelee bestreichen
200 g Kuvertüre in einem kleinen Topf im Wasserbad geschmeidig rühren, die Dreiecke damit überziehen.

Basler Leckerli

Für den Teig
250 g Honig mit
250 g Zucker
Salz, 4 Eßl. Wasser langsam erwärmen, zerlassen, kalt stellen
unter die fast erkaltete Masse

4 Tropfen
Backöl Zitrone
1 gestrichenen Teel.
gemahlenen Zimt
½ gestrichenen Teel.
gemahlene Nelken
etwas geriebene
Muskatnuß rühren
400 g Weizenmehl mit
6 g (2 gestrichene Teel.)
Backpulver Backin mischen, sieben, ⅔ davon eßlöffelweise unterrühren, den Rest des Mehls mit

200 g abgezogenen,
gehobelten Mandeln
100 g feingewürfeltem
Zitronat und Orangeat auf den Teigbrei geben, von der Mitte aus alle Zutaten zu einem weichen Teig verkneten
den Teig auf einem gefetteten Backblech gut ½ cm dick ausrollen (dabei leicht mit Mehl bestäuben), in den vorgeheizten Backofen schieben

Strom: 175 – 200, **Gas:** 2 – 3
Backzeit: Etwa 25 Minuten

für die Glasur
75 g Zucker mit
3 Eßl. Wasser so lange kochen, bis die Flüssigkeit in lang nachziehenden Tropfen vom Löffel fällt
sofort nach dem Backen das Gebäck vom Blech lösen, mit der heißen Glasur bestreichen, sofort in Rechtecke 3 × 4 cm schneiden (Glasur wird erst während des Trocknens weiß).

Kleingebäck und Wohlgeformtes

Mandelsterne

300 g Weizenmehl	mit
20 g Kakao	
3 g (1 gestrichener	
Teel.) Backpulver	mischen, auf die Tischplatte sieben, in die Mitte eine Vertiefung eindrücken
75 g Zucker	
1 Päckchen	
Vanillin-Zucker	
3 Tropfen Backöl	
Bittermandel	
3 Eßl. Milch	hineingeben, mit einem Teil des Mehls zu einem dicken Brei verarbeiten
175 g kalte Butter	
oder Margarine	in Stücke schneiden, auf den Brei geben, mit Mehl bedecken, von der Mitte aus alle Zutaten schnell zu einem glatten Teig verkneten, sollte er kleben, ihn eine Zeitlang kalt stellen den Teig etwa 3 mm dick ausrollen, Sterne ausstechen, auf ein gefettetes Backblech legen die Teigplätzchen mit
Dosenmilch	bestreichen, mit
etwa 50 g Zucker	
200 g abgezogenen,	
gehobelten Mandeln	bestreuen, in den vorgeheizten Backofen schieben
Strom:	175 – 200
Gas:	3 – 4
Backzeit:	10 – 15 Minuten.

Weihnachtsmänner

500 g Weizenmehl	in eine Schüssel sieben, mit
1 Päckchen	
Trocken-Hefe	sorgfältig vermischen
75 g Zucker	
1 Päckchen	
Vanillin-Zucker	
Salz	
75 g zerlassene,	
lauwarme Butter	
250 ml (¼ l)	
lauwarme Milch	hinzufügen, alles mit einem elektrischen Handrührgerät mit Knethaken zuerst auf der niedrigsten, dann auf der höchsten Stufe in etwa 5 Minuten zu einem Teig verarbeiten den Teig an einem warmen Ort so lange stehenlassen, bis er etwa doppelt so hoch ist, ihn dann auf der höchsten Stufe nochmals gut durchkneten den Teig in 4 gleich große Stücke teilen, diese zu etwa 22 cm

langen, ovalen Stücken ausrollen, Figuren daraus schneiden, je zwei auf ein gefettetes Backblech legen, die Teigstücke mit

Dosenmilch bestreichen, nach Belieben mit

Rosinen
kandierten Kirschen
oder abgezogenen
Mandeln
Sukkade garnieren (Teigreste mit verwenden)
den Teig nochmals so lange an einem warmen Ort gehen lassen, bis er etwa doppelt so hoch ist, in den vorgeheizten Backofen schieben

Strom: 200 – 225
Gas: 4 – 5
Backzeit pro Blech: 15 – 20 Minuten
nach Belieben das Gebäck sofort nach dem Backen mit

heißem
Zuckerwasser bestreichen.

Rumkränzchen

Für den Teig

100 g Margarine geschmeidig rühren, nach und nach
100 g Zucker
1 Päckchen
Vanillin-Zucker
1 Fläschchen
Rum-Aroma
1 Ei unterrühren
100 g Weizenmehl mit
3 g (1 gestrichener
Teel.) Backpulver mischen, sieben, eßlöffelweise unterrühren
200 g Haferflocken unterkneten, sollte der Teig kleben, ihn eine Zeitlang kalt stellen
den Teig dünn ausrollen, mit einer runden Form (Durchmesser etwa 6 cm) ausstechen, die Teigplätzchen mit einer kleineren Form in der Mitte so ausstechen, daß Kränzchen entstehen
diese auf ein gefettetes Backblech legen, in den vorgeheizten Backofen schieben

Strom: 175 – 200
Gas: 3 – 4
Backzeit: 10 – 15 Minuten

für den Guß

100 g gesiebten
Puderzucker mit
2 – 3 Eßl. Rum zu einer dickflüssigen Masse verrühren
die noch warmen Kränzchen damit bestreichen.

Baiser

4 Eiweiß	steif schlagen, es muß so fest sein, daß ein Messerschnitt sichtbar bleibt
200 g feinkörnigen Zucker	eßlöffelweise unterschlagen
	die Baisermasse in einen Spritzbeutel füllen, in beliebigen Formen auf ein mit Pergamentpapier belegtes Backblech spritzen oder mit 2 Teelöffeln aufsetzen
	das Gebäck darf nur leicht aufgehen und sich schwach gelblich färben
Strom:	110 – 130 (vorgeheizt)
Gas:	25 Minuten 1, 25 Minuten aus, 15 Minuten 1 (nicht vorgeheizt)
Backzeit:	70 – 100 Minuten.

Zimtsterne
(Abb. S. 47)

3 Eiweiß	steif schlagen, es muß so fest sein, daß ein Messerschnitt sichtbar bleibt
250 g Puderzucker	sieben, eßlöffelweise unterschlagen
	zum Bestreichen der Sterne 2 gut gehäufte Eßl. Eierschnee abnehmen, unter den übrigen Eierschnee
1 Päck. Vanillin-Zucker **3 Tropfen** **Backöl Bittermandel** **1 gestrichenen Teel.** **gemahlenen Zimt**	und die Hälfte von
275 – 325 g gemahlenen Mandeln *	rühren
	von dem Rest der Mandeln so viel unterkneten, daß der Teig kaum noch klebt, auf einer mit
gemahlenen Mandeln	bestreuten Tischplatte etwa ½ cm dick ausrollen, Sterne ausstechen, auf ein mit Pergamentpapier belegtes Back-blech legen, mit dem zurückgelassenen Eierschnee bestreichen, der Guß muß so sein, daß er sich glatt auf das Gebäck streichen läßt, evtl. etwas Wasser unterrühren
Strom:	130 – 150 (vorgeheizt), **Gas:** 1 – 2 (nicht vorgeheizt)
Backzeit:	20 – 30 Minuten
	das Gebäck muß sich beim Herausnehmen noch etwas weich anfühlen, die Zimtsterne am besten in Kartons aufbewahren.

* die erforderliche Menge hängt von der Größe der Eier ab.

Zitronenherzen,
Rezept S. 49

Kokosmakronen

200 g Kokosraspel	auf einem Backblech leicht rösten, erkalten lassen
4 Eiweiß	steif schlagen, es muß so fest sein, daß ein Messerschnitt sichtbar bleibt, nach und nach
200 g Zucker	
1 Messerspitze gemahlenen Zimt	
2 Tropfen Backöl Bittermandel	unterschlagen, die Kokosraspel vorsichtig unter den Eierschnee heben (nicht rühren) von dem Teig mit 2 Teelöffeln Häufchen auf ein gefettetes Backblech setzen
Strom:	130 – 150 (vorgeheizt), **Gas:** 1 – 2 (nicht vorgeheizt)
Backzeit:	20 – 25 Minuten.

Zitronenherzen
(Abb. S. 47)

	Für den Teig
3 Eigelb	mit
120 g Zucker	
1 Päck. Vanillin-Zucker	so lange schlagen, bis eine cremeartige Masse entstanden ist
3 Tropfen Backöl Zitrone	
1 Messerspitze Backpulver Backin	und so viel von
200 – 250 g abgezogenen, gemahlenen Mandeln*	unterrühren, daß ein fester Brei entsteht von dem Rest der Mandeln so viel unterkneten, daß der Teig kaum noch klebt, ihn auf einer mit
abgezogenen, gemahlenen Mandeln	bestreuten Tischplatte etwa ½ cm dick ausrollen, Herzen ausstechen, auf ein mit Back-Trennpapier belegtes Backblech legen
Strom:	175 – 200
Gas:	5 Minuten vorheizen 3 – 4, backen 3 – 4
Backzeit:	Etwa 10 Minuten
	für den Guß
100 g Puderzucker	sieben, mit
1 – 1½ Eßl. Zitronensaft	glattrühren, so daß eine dickflüssige Masse entsteht die Plätzchen sofort nach dem Backen damit bestreichen.

* die erforderliche Menge hängt von der Größe der Eier ab.

Haselnuß-Plätzchen, Rezept S. 181

Schneemänner

Als Vorarbeiten für die Bodenfläche einen Karton von 25 x 30 cm schneiden, außerdem Schneemänner und für die Tannenbäume Sterne von verschiedener Größe auf Papier zeichnen und ausschneiden

für den Teig

100 g Honig	mit
50 g Zucker	
Salz	
25 g Butter	
oder Margarine	
1 Eßl. Wasser	langsam erwärmen, zerlassen, in eine Rührschüssel geben, kalt stellen
	unter die fast erkaltete Masse
1 Ei	
½ Teel. gemahlenen	
Zimt	
2 Tropfen	
Backöl Bittermandel	rühren
250 g Weizenmehl	mit
25 g Kakao	
9 g (3 gestrichene	
Teel.) Backpulver	
Backin	mischen, sieben, ⅔ davon eßlöffelweise unterrühren

den Rest des Mehls unter den Teigbrei kneten
den Teig auf einem gefetteten Backblech in einer Größe von 32 x 35 cm ausrollen, in den vorgeheizten Backofen schieben

Strom:	175 – 200
Gas:	3 – 4
Backzeit:	Etwa 10 Minuten

sofort nach dem Backen aus der Platte nach den Schablonen Schneemänner, Sterne (jeweils in die Mitte ein Loch stechen), „Latten" und „Kufen" für einen Schlitten ausschneiden
aus dem übrigen Gebäck „Steine" für den Zaun schneiden, etwa 125 g Gebäckreste für Kugeln zurücklassen

für die Kugeln

die zurückgelassenen Gebäckreste leicht zerdrücken, mit

15 g gesiebtem	
Puderzucker	
1 Ei	
1 – 2 Eßl. Rum	
oder Orangenlikör	
½ Fläschchen	
Rum-Aroma	
oder Butter-Vanille	vermengen, aus der Masse kleine Kugeln formen, in
30 g Kokosraspeln	wälzen

für die Tannenbäume
die Sterne mit Hilfe

langer Holzstäbchen
Gummibonbons   abwechselnd so aufspießen, daß Tannenbäume entstehen

zum Verzieren

100 g gesiebten
Puderzucker   mit so viel
Eiweiß   verrühren, daß ein dickflüssiger Guß entsteht
die Tannenbäume damit verzieren, die Schneemänner damit
bestreichen, nach Belieben mit
Süßigkeiten   garnieren
den Schlitten ebenfalls mit Guß zusammensetzen

für den Guß

100 g gesiebten
Puderzucker   mit so viel
Eiweiß   verrühren, daß eine dickflüssige Masse entsteht
den Karton damit bestreichen, Schneemänner,
Tannenbäume, Schlitten, den Zaun aus Steinen und Kugeln
darauf kleben, mit
Puderzucker   bestäuben.

Nußtaler

375 g Weizenmehl   mit
125 g Speisestärke
6 g (2 gestrichene
Teel.) Backpulver   mischen, auf die Tischplatte sieben, in die Mitte eine
Vertiefung eindrücken

250 g Zucker
1 Päckchen
Vanillin-Zucker
3 Tropfen
Backöl Bittermandel
2 Eier   hineingeben, mit einem Teil des Mehls zu einem dicken Brei
verarbeiten

250 g kalte Butter
oder Margarine   in Stücke schneiden
250 g Haselnußkerne   vierteln, beide Zutaten auf den Brei geben, mit Mehl
bedecken, von der Mitte aus alle Zutaten schnell zu einem
glatten Teig verkneten, daraus gut 2½ cm dicke Rollen
formen, so lange kalt stellen, bis sie hart geworden sind, mit
einem scharfen Messer in ½ cm dicke Scheiben schneiden,
auf ein Backblech legen, in den vorgeheizten Backofen
schieben
Strom: 175 – 200
Gas: 3 – 4
Backzeit: 10 – 15 Minuten.

Weihnachts-Eisenbahn

Für den Teig

250 g Honig	mit
50 g Zucker	
1 Päckchen	
Vanillin-Zucker	
100 g Butter	
oder Margarine	langsam erwärmen, zerlassen, in eine Rührschüssel geben, kalt stellen, unter die fast erkaltete Masse nach und nach
1 Ei	
2 gestrichene Teel.	
gemahlenen Zimt	
½ gestrichenen Teel.	
gemahlenen Kardamom	
½ gestrichenen Teel.	
gemahlene Nelken	
1 Fläschchen	
Rum-Aroma	rühren
375 g Weizenmehl	mit
9 g (3 gestrichene Teel.)	
Backpulver Backin	
1 gestrichenen Eßl.	
Kakao	mischen, sieben, nach und nach eßlöffelweise mit
5 Eßl. Milch	unterrühren

den Teig mit einem Teigschaber in einem Rechteck von 35 x 20 cm auf ein gefettetes Backblech streichen, vor den Teig ein mehrfach umgeknicktes Stück Alufolie legen, in den vorgeheizten Backofen schieben

Strom:	175 – 200, **Gas: 3 – 4**
Backzeit:	Etwa 20 Minuten

den Honigkuchen auf dem Backblech gut auskühlen lassen aus der erkalteten Kuchenplatte mit einem spitzen Messer die Teile der Eisenbahn ausschneiden (am besten nach Papierschablonen), dabei darauf achten, daß zum Zusammenkleben für die Lokomotive zwei Teile gleich sein müssen, das eine darum beim Ausschneiden umgekehrt aufgelegt werden muß

für den Guß

175 g Puderzucker	sieben, mit so viel
Eiweiß	glattrühren, daß eine dickflüssige Masse entsteht, für die Wagen und Lokomotive jeweils 2 Teile mit Eiweißguß aneinanderkleben, auf die gleiche Weise die Räder aus
Schokoladengeld	und alle übrigen
Zuckersachen	ankleben
4 Schokoladenriegel	
(farbig eingepackt)	zusammenkleben, als Schornstein auf der Lokomotive anbringen, den Rauch aus
Watte	herstellen.

Dattelmakronen

3 Eiweiß	steif schlagen, es muß so fest sein, daß ein Messerschnitt sichtbar bleibt, nach und nach
200 g Zucker **1 Päckchen** **Vanillin-Zucker** **1 Fläschchen** **Rum-Aroma**	unterschlagen
125 g entkernte **Datteln**	in kleine Stücke schneiden
150 g abgezogene, **gehackte Mandeln**	
	beide Zutaten auf den Eierschnee geben
30 g Speisestärke	darüber sieben, vorsichtig unterheben (nicht rühren) von dem Teig mit 2 Teelöffeln Häufchen auf ein gefettetes Backblech setzen
Strom:	100 – 110 (vorgeheizt)
Gas:	1 – 2 (nicht vorgeheizt)
Backzeit:	50 – 75 Minuten.

Knusperchen

300 g Weizenmehl	mit
6 g (2 gestrichene Teel.) **Backpulver Backin**	mischen, auf die Tischplatte sieben, in die Mitte eine Vertiefung eindrücken
100 g Zucker **1 Päckchen Vanillin-** **Zucker** **1 Fläschchen** **Rum-Aroma** **4 Eßl. Milch**	hineingeben, mit einem Teil des Mehls zu einem dicken Brei verarbeiten
50 g kalte Butter **oder Margarine** **50 g Schweineschmalz**	in Stücke schneiden, auf den Brei geben, mit Mehl bedecken, von der Mitte aus alle Zutaten schnell zu einem glatten Teig verkneten, sollte er kleben, ihn eine Zeitlang kalt stellen den Teig dünn ausrollen, mit beliebigen Formen ausstechen oder ausrädern, mit
Milch oder **Dosenmilch**	bestreichen, mit
Zucker	bestreuen, auf ein gefettetes Backblech legen
Strom:	175 – 200
Gas:	5 Minuten vorheizen 3 – 4, backen 3 – 4
Backzeit:	8 – 10 Minuten.

53

Teegebäck

Für den Teig

500 g Weizenmehl
6 g (2 gestrichene Teel.)
Backpulver Backin mischen, auf die Tischplatte sieben, in die Mitte eine Vertiefung eindrücken

150 g Zucker
1 Päckchen Vanillin-
Zucker
2 Eier hineingeben, mit einem Teil des Mehls zu einem dicken Brei verarbeiten

250 g kalte Butter
oder Margarine in Stücke schneiden, auf den Brei geben, mit Mehl bedecken, von der Mitte aus alle Zutaten schnell zu einem glatten Teig verkneten, sollte er kleben, ihn eine Zeitlang kalt stellen
aus diesem Teig verschiedene Plätzchen zubereiten

für Brezeln
aus dem Teig bleistiftdicke Rollen formen, zu Brezeln legen, mit

Milch bestreichen, in
Zucker drücken, auf ein Backblech legen

für Fruchtplätzchen
den Teig dünn ausrollen, runde Plätzchen und Ringe in gleicher Größe ausstechen, auf ein Backblech legen
die erkalteten Plätzchen mit

Konfitüre bestreichen, auf jedes einen mit
Puderzucker bestäubten Ring legen

für gefüllte Plätzchen
den Teig dünn ausrollen, mit einer runden Form Plätzchen ausstechen, auf ein Backblech legen
die Hälfte der erkalteten Plätzchen auf der Unterseite mit

Konfitüre oder Gelee bestreichen, die übrigen darauf legen, mit
Puderzucker bestäuben

für Zucker- oder Mandelplätzchen
den Teig dünn ausrollen, runde Plätzchen ausstechen, auf ein Backblech legen, mit

Milch bestreichen, mit
Zucker oder ab-
gezogenen, gehackten,
gemahlenen oder
gehobelten Mandeln bestreuen
Strom: 175 – 200
Gas: 5 Minuten vorheizen 3 – 4, backen 3 – 4
Backzeit: Für jedes Gebäck 8 – 10 Minuten.

Gefüllte Ingwerplätzchen

Für den Teig

250 g Weizenmehl mit
1½ g (½ gestrichener
Teel.) Backpulver mischen, auf die Tischplatte sieben, in die Mitte eine
Vertiefung eindrücken

75 g Zucker
1 Päckchen
Vanillin-Zucker
75 g gemahlene
Mandeln
oder gemahlene
Haselnußkerne
3 gestrichene Eßl.
gewürfelte
Ingwerfrüchte
1½ gestrichenen Teel. ge-
mahlenen Ingwer
½ gestrichenen Teel.
gemahlenen Zimt
1 gestrichenen Teel.
Back-Kakao
1 Ei hineingeben, mit einem Teil des Mehls zu einem dicken Brei
verarbeiten

125 g kalte Butter
oder Margarine in Stücke schneiden, auf den Brei geben, mit Mehl bedecken,
von der Mitte aus alle Zutaten schnell zu einem glatten Teig
verkneten, sollte er kleben, ihn eine Zeitlang kalt stellen
den Teig dünn ausrollen, mit einer runden Form Plätzchen
ausstechen, auf ein gefettetes Backblech legen, in den
vorgeheizten Backofen schieben
Strom: 175 – 200
Gas: 3 – 4
Backzeit: Etwa 5 Minuten
die Hälfte der erkalteten Plätzchen auf der Unterseite dünn
mit

2 Eßl. bitterer
Orangenmarmelade
(durch ein Sieb
gestrichen) bestreichen, die übrigen mit der Unterseite darauf setzen

für den Guß

100 g Puderzucker sieben, mit
1 – 2 Eßl.
Ingwersirup
1 – 2 Eßl. Wasser verrühren, so daß ein dickflüssiger Guß entsteht
die Oberfläche der Plätzchen damit bestreichen, mit

Ingwerfrucht-
stückchen garnieren.

Flana-Törtchen

	Für den Teig
250 g Weizenmehl	mit
3 g (1 gestrichener Teel.)	
Backpulver Backin	mischen, auf die Tischplatte sieben, in die Mitte eine Vertiefung eindrücken
50 g Zucker	
1 Päckchen Vanillin-Zucker	
2 Eßl. saure Sahne	hineingeben, mit einem Teil des Mehls zu einem dicken Brei verarbeiten
175 g kalte Butter oder Margarine	in Stücke schneiden, auf den Brei geben, mit Mehl bedecken, von der Mitte aus alle Zutaten schnell zu einem glatten Teig verkneten, sollte er kleben, ihn eine Zeitlang kalt stellen den Teig etwa 3 mm dick ausrollen, 40 Plätzchen (Durchmesser etwa 7 cm) ausstechen, auf ein Backblech legen, in den vorgeheizten Backofen schieben
Strom:	175 – 200
Gas:	3 – 4
Backzeit:	12 – 15 Minuten
	für die Buttercreme aus
1 Päckchen Pudding-Pulver Schokolade, z. B. Flana	
50 g Zucker	
4 Eßl. kalter Milch	
250 ml (¼ l) Milch	nach der Vorschrift auf dem Päckchen einen Pudding zubereiten, kalt stellen, ab und zu durchrühren
	für den Guß
75 g Puderzucker	
20 g Kakao	mischen, sieben, mit
etwa 1½ Eßl. heißem Wasser	glattrühren, so daß eine dickflüssige Masse entsteht
25 g Kokosfett	zerlassen, unterrühren, die Hälfte der erkalteten Plätzchen auf der Oberseite damit bestreichen
150 g Butter oder Margarine	geschmeidig rühren, den erkalteten Flana eßlöffelweise darunter geben (darauf achten, daß weder Fett noch Flana zu kalt sind, da dann die sogenannte Gerinnung eintritt)
25 g Kokosfett	zerlassen, unterrühren die nicht bestrichenen Plätzchen auf der Unterseite spiralförmig mit der Creme bespritzen, die übrigen darauf legen, mit einem Cremetupfen verzieren.

Bunte Weihnachtssterne,
Rezept S. 172

Schneehäubchen
(Abb. S. 58)

3 Eiweiß	steif schlagen, der Schnee muß so fest sein, daß ein Messerschnitt sichtbar bleibt
250 g Puderzucker	sieben, eßlöffelweise unterschlagen, zum Bestreichen der Häubchen 4 Eßl. Eierschnee abnehmen
125 g abgezogene, gemahlene Mandeln	
125 g gemahlene Haselnußkerne, leicht geröstet	unter den übrigen Eierschnee heben, die Masse bergartig auf
etwa 50 Oblaten (Durchmesser 4 cm)	streichen, sorgfältig mit dem zurückgelassenen Eierschnee bestreichen, auf ein Backblech legen, auf der unteren Schiene in den Backofen schieben
Strom:	130 – 150 (vorgeheizt)
Gas:	1 – 2 (nicht vorgeheizt)
Backzeit:	Etwa 20 Minuten.

Vanilleplätzchen

	Für den Teig
250 g Weizenmehl	mit
3 g (1 gestrichener Teel.) Backpulver	mischen, auf die Tischplatte sieben, in die Mitte eine Vertiefung eindrücken
75 g Zucker	
2 Päckchen Vanillin-Zucker	
1 Ei	hineingeben, mit einem Teil des Mehls zu einem dicken Brei verarbeiten
125 g kalte Butter	in Stücke schneiden, darauf geben, mit Mehl bedecken, von der Mitte aus alle Zutaten schnell zu einem glatten Teig verkneten, sollte der Teig kleben, ihn eine Zeitlang kalt stellen, den Teig dünn ausrollen, mit einer runden Form (Durchmesser etwa 4 cm) ausstechen, auf ein gefettetes Backblech legen, in den vorgeheizten Backofen schieben
Strom:	175 – 200, **Gas: 3 – 4**
Backzeit:	8 – 10 Minuten
	für den Guß
etwas Kuvertüre	in einem kleinen Topf im Wasserbad bei schwacher Hitze zu einer geschmeidigen Masse verrühren, die erkalteten Plätzchen auf Pergamentpapier legen, mit einem Teelöffel unregelmäßig mit der Kuvertüre besprenkeln.

Rote Nestchen,
Rezept S. 60

Marzipan-Zuckerplätzchen

Für den Teig

200 g Marzipan-Rohmasse	
125 g Margarine	gut verrühren, nach und nach
75 g Zucker	
1 Päckchen Vanillin-Zucker	
3 Tropfen Backöl Zitrone	
1 Ei	hinzugeben
250 g Weizenmehl	mit
125 g Speisestärke	
3 g (1 gestrichener Teel.) Backpulver Backin	mischen, sieben, ⅔ eßlöffelweise unterrühren, den Rest des Mehls unterkneten, sollte der Teig kleben, ihn eine Zeitlang kalt stellen den Teig dünn ausrollen, mit beliebigen Formen ausstechen, auf ein gefettetes Backblech legen, mit
Milch	bestreichen

zum Bestreuen

etwa 125 g Zucker	
1 gestrichenen Teel. gemahlenen Zimt	mischen, die Teigplätzchen damit bestreuen, in den vorgeheizten Backofen schieben
Strom:	175 – 200
Gas:	3 – 4
Backzeit:	8 – 10 Minuten.

Rote Nestchen

(Abb. S. 58)

Für den Teig

275 g Weizenmehl	auf die Tischplatte sieben, in die Mitte eine Vertiefung eindrücken
150 g Zucker	
1 Päckchen Vanillin-Zucker	
2 Eigelb	
2 Tropfen Backöl Bittermandel	hineingeben, mit einem Teil des Mehls zu einem dicken Brei verarbeiten
175 g kalte Butter	in Stücke schneiden, auf den Brei geben, mit Mehl bedecken, von der Mitte aus alle Zutaten schnell zu einem glatten Teig verkneten etwa ¾ des Teiges nicht zu dünn ausrollen, mit einer runden

	Form (Durchmesser etwa 4 cm) ausstechen, auf ein Backblech legen
	für den Belag
200 g Marzipan-Rohmasse	mit
2 Eiweiß	zu einer geschmeidigen Masse verrühren die Masse in einen Spritzbeutel mit gezackter Tülle füllen, als Kranz auf die Teigplätzchen spritzen in die Mitte
rote Konfitüre	geben den restlichen Teig ausrollen, zu beliebigen Formen ausstechen, auf ein Backblech legen, mit
Dosenmilch	bestreichen, mit
abgezogenen, gehobelten Mandeln	
Zucker und Zimt	bestreuen, in den vorgeheizten Backofen schieben
Strom:	175 – 200
Gas:	2 – 3
Backzeit:	12 – 20 Minuten.

Mandelecken

250 g Weizenmehl	mit
3 g (1 gestrichener Teel.) Backpulver Backin	mischen, auf die Tischplatte sieben, in die Mitte eine Vertiefung eindrücken
100 g Zucker	
1 Päckchen Vanillin-Zucker	
7 Tropfen Backöl Bittermandel	
1 Eßl. Milch	hineingeben, mit einem Teil des Mehls zu einem dicken Brei verarbeiten
200 g kalte Butter oder Margarine	in Stücke schneiden, auf den Brei geben, mit Mehl bedecken, von der Mitte aus alle Zutaten schnell zu einem glatten Teig verkneten 4 etwa 2 cm dicke Teigrollen formen, mit dem Handballen flachdrücken, so daß Teigstreifen entstehen, die etwa 3 cm breit und 1 cm hoch sind, so lange kalt stellen, bis der Teig hart geworden ist
75 g Mandeln	abziehen, halbieren die Teigstreifen in Dreiecke schneiden, auf ein Backblech legen, auf jedes eine Mandelhälfte drücken
Strom:	175 – 200
Gas:	5 Minuten vorheizen 3 – 4, backen 3 – 4
Backzeit:	10 – 20 Minuten.

Sahnebrezeln

375 g Weizenmehl	auf die Tischplatte sieben, in die Mitte eine Vertiefung eindrücken
1 schwach gehäuften Teel. Zucker **2 Päckchen Vanillin-Zucker** **125 ml (⅛ l) dicke saure Sahne**	hineingeben, mit einem Teil des Mehls zu einem dicken Brei verarbeiten
250 g kalte Butter oder Margarine	in Stücke schneiden, auf den Brei geben, mit Mehl bedecken, von der Mitte aus alle Zutaten schnell zu einem glatten Teig verkneten, sollte er kleben, ihn eine Zeitlang kalt stellen den Teig etwa ½ cm dick ausrollen, in Streifen von gut ½ × 22 cm schneiden, diese zu Brezeln schlingen, auf der oberen Seite mit
Dosenmilch	bestreichen
100 g Hagelzucker **50 g abgezogene, gehackte Mandeln**	mischen, die Brezeln hineindrücken, mit der unteren Seite auf ein Backblech legen, im vorgeheizten Backofen goldgelb backen
Strom:	200 – 225
Gas:	4 – 5
Backzeit:	Etwa 10 Minuten.

Tiroler Plätzchen

	Für den Teig
225 g Weizenmehl **3 g (1 gestrichener Teel.) Backpulver Backin**	mit mischen, auf die Tischplatte sieben, in die Mitte eine Vertiefung eindrücken
125 g Zucker **1 Päckchen Vanillin-Zucker** **1 Ei** **1 Messerspitze gemahlenen Zimt**	hineingeben, mit einem Teil des Mehls zu einem dicken Brei verarbeiten
125 g kalte Butter oder Margarine **125 g abgezogene, gemahlene Mandeln** **25 g feingewürfeltes Zitronat (Sukkade)**	in Stücke schneiden, auf den Brei geben

25 g feingewürfeltes Orangeat	daraufgeben, mit Mehl bedecken, von der Mitte aus alle Zutaten schnell zu einem glatten Teig verkneten, sollte er kleben, ihn eine Zeitlang kalt stellen den Teig dünn ausrollen, in kleine Stücke (etwa 3 x 3 cm) rädern oder schneiden, auf ein gefettetes Backblech legen
1 Eigelb	mit
etwas Dosenmilch	verschlagen, den Teig damit bestreichen
Strom:	175 – 200
Gas:	5 Minuten vorheizen 3 – 4, backen 3 – 4
Backzeit:	Etwa 10 Minuten

für den Guß

etwa 30 g Puderzucker	mit
etwa 1 Teel. Orangensaft oder Orangenlikör	glattrühren, so daß eine dickflüssige Masse entsteht, die Plätzchen damit verzieren, mit
feingehacktem Orangeat	bestreuen.

Linzer Bällchen

200 g Speisequark	mit
6 Eßl. Milch	
1 Ei	
125 ml (⅛ l) Speiseöl	
100 g Zucker	
1 Päckchen Vanillin-Zucker	
Salz	verrühren
400 g Weizenmehl	mit
1 Päckchen und 6 g (2 gestrichene Teel.) Backpulver Backin	mischen, sieben, gut die Hälfte eßlöffelweise unterrühren, den Rest unterkneten, den Teig etwa ½ cm dick ausrollen auf der einen Teighälfte mit einem Metallring (Durchmesser 8 – 9 cm) Kreise leicht andeuten, den Rand dieser Kreise dünn mit
Milch	bestreichen, in die Mitte
etwas Konfitüre	legen, die leere Teighälfte darüber klappen, den Teig ausstechen, die Teigränder gut zusammendrücken die Bällchen sofort schwimmend in siedendem
Ausbackfett (Speiseöl, Schweine-schmalz oder Kokosfett)	auf beiden Seiten hellbraun backen, mit einem Schaumlöffel herausnehmen, zum Abtropfen auf einen Kuchenrost legen, mit
Puderzucker	bestäuben.

Frucht-Häufchen

200 g Butter oder Margarine	geschmeidig rühren, nach und nach
125 g Zucker 1 Päckchen Vanillin-Zucker 2 Eigelb abgeriebene Schale von 1 Zitrone oder kleinen Orange (unbehandelt)	hinzufügen
250 g Weizenmehl	sieben, abwechselnd eßlöffelweise mit
2 Eßl. Milch	unterrühren, zuletzt
100 g abgezogene, gestiftelte Mandeln 100 g verlesene Rosinen 100 g feingewürfeltes Zitronat (Sukkade) 50 g feingewürfeltes Orangeat	unterheben, die Teighäufchen auf ein gefettetes Backblech setzen, in den vorgeheizten Backofen schieben
Strom:	175 – 200
Gas:	3 – 4
Backzeit:	15 – 20 Minuten das erkaltete Gebäck mit
Puderzucker	bestäuben.

Basler Herzen

Für den Teig

2 Eiweiß 250 g Zucker 1 Päckchen Vanillin-Zucker 2 gehäufte Teel. Kakao 2 gestrichene Teel. gemahlenen Zimt ½ Teel. gemahlene Nelken ½ Fläschchen Rum-Aroma 50 g Back-Kakao 15 g zerlassene, abgekühlte	schaumig schlagen
Margarine	vorsichtig unterrühren

250 g gemahlene Mandeln	
1½ g (½ gestrichener Teel.)	
Backpulver Backin	mischen, unter die Eiweißmasse rühren, so daß ein fester Teig entsteht den Teig etwa ½ cm dick auf der bemehlten Tischplatte ausrollen, Herzen ausstechen, auf ein gefettetes Backblech legen, in den vorgeheizten Backofen schieben
Strom:	175 – 200
Gas:	3 – 4
Backzeit:	Etwa 10 Minuten
	für den Guß
200 g gesiebten Puderzucker	mit
2 – 3 Eßl. heißem Wasser	verrühren die Herzen nach dem Backen vorsichtig vom Backblech lösen, noch heiß mit dem Zuckerguß bestreichen.

Feine Nußplätzchen

250 g Weizenmehl	mit
3 g (1 gestrichener Teel.)	
Backpulver Backin	mischen, auf die Tischplatte sieben, in die Mitte eine Vertiefung eindrücken
150 g Zucker	
1 Päckchen Vanillin-Zucker	
3 Tropfen Backöl Bittermandel	
4 Eßl. Milch	hineingeben, mit einem Teil des Mehls zu einem dicken Brei verarbeiten
100 g kalte Butter oder Margarine	in Stücke schneiden
200 g gemahlene Haselnußkerne	
	beide Zutaten auf den Brei geben, mit Mehl bedecken von der Mitte aus alle Zutaten schnell zu einem glatten Teig verkneten, sollte er kleben, ihn eine Zeitlang kalt stellen den Teig in kleinen Mengen etwa 3 mm dick ausrollen, runde Plätzchen ausstechen, auf ein Backblech legen, mit
Dosenmilch	bestreichen, mit
halbierten Haselnußkernen	belegen (leicht andrücken)
Strom:	175 – 200
Gas:	5 Minuten vorheizen 3 – 4, backen 3 – 4
Backzeit:	10 – 15 Minuten.

Tatzen und Tupfen

(Abb. S. 67)

250 g Butter oder Margarine	geschmeidig rühren, nach und nach
175 g Zucker 1 Päckchen Vanillin-Zucker	
1 Ei	unterrühren
175 g Weizenmehl	mit
175 g Speisestärke	mischen, sieben, eßlöffelweise unterrühren
75 g abgezogene, gemahlene Mandeln	unter den Teig rühren, ihn in einen Spritzbeutel (gezackte Tülle) füllen, in Form von kleinen Tatzen und Tupfen auf ein gefettetes Backblech spritzen, in den vorgeheizten Backofen schieben
Strom:	175 – 200
Gas:	3 – 4
Backzeit:	10 – 15 Minuten die Tupfen mit
kandierten Kirschstückchen	garnieren
100 g Kuvertüre	in einem kleinen Topf im Wasserbad zu einer geschmeidigen Masse verrühren ¼ der Tatzen auf der glatten Seite dünn mit Kuvertüre bestreichen, mit unbestrichenen Tatzen zusammensetzen ¼ der Tatzen auf der glatten Seite dünn mit
Konfitüre	bestreichen, ebenfalls mit unbestrichenen Tatzen zusammensetzen die Tatzen mit den Spitzen in Kuvertüre tauchen.

Schokoladenküchlein

3 Eiweiß	steif schlagen, eßlöffelweise
250 g feinkörnigen Zucker 1 Päckchen Vanillin-Zucker	darunter schlagen
125 g geraspelte zartbittere Schokolade	mit
250 g abgezogenen, gehackten Mandeln	mischen, vorsichtig unter den Eierschnee heben (nicht rühren) den Teig in Häufchen auf ein gefettetes Backblech setzen
Strom:	130 – 150 (vorgeheizt)
Gas:	1 – 2 (nicht vorgeheizt)
Backzeit:	Etwa 25 Minuten.

Christbaum-Brezeln

100 g Butter oder Margarine	geschmeidig rühren, nach und nach
200 g Zucker 1 Päckchen Vanillin-Zucker 1 Ei	
1 Eiweiß	unterrühren
500 g Weizenmehl	mit
1 Päckchen Backpulver Backin	mischen, sieben, ⅔ davon eßlöffelweise unterrühren, den Rest des Mehls unterkneten, sollte der Teig kleben, ihn eine Zeitlang kalt stellen den Teig in kleinen Portionen zu bleistiftdicken Rollen formen, diese in etwa 20 cm lange Stücke schneiden, zu Brezeln schlingen, auf ein gefettetes Backblech legen
1 Eigelb	mit
1 Eßl. Milch	verquirlen, die Brezeln damit bestreichen, in den vorgeheizten Backofen schieben
Strom:	175 – 200
Gas:	3 – 4
Backzeit:	Etwa 15 Minuten.

Heidesand

275 g Butter	zerlassen, bräunen, kalt stellen die wieder festgewordene Butter geschmeidig rühren nach und nach
250 g Zucker 1 Päckchen Vanillin-Zucker 2 Eßl. Milch	hinzugeben, so lange rühren, bis die Masse weißschaumig geworden ist
375 g Weizenmehl	mit
3 g (1 gestrichener Teel.) Backpulver	mischen, sieben, ⅔ des Mehls eßlöffelweise unterrühren, den Teigbrei mit dem Rest des Mehls zu einem glatten Teig verkneten etwa 3 cm dicke Rollen daraus formen, kalt stellen, bis sie hart geworden sind von den Rollen etwa ½ cm dicke Scheiben abschneiden, auf ein Backblech legen, in den vorgeheizten Backofen schieben
Strom:	175 – 200, **Gas:** 2 – 3
Backzeit:	10 – 15 Minuten.

Orangenkuchen,
Rezept S. 184

Hobelspäne oder Räderkuchen

500 g Weizenmehl mit
**3 g (1 gestrichener Teel.)
Backpulver Backin** mischen, auf die Tischplatte sieben, in die Mitte eine Vertiefung eindrücken

**100 g Zucker
einige Tropfen
Backöl Zitrone
1 Fläschchen
Rum-Aroma
3 Eier
4 Eßl. Milch
oder Wasser** hineingeben, mit einem Teil des Mehls zu einem dicken Brei verarbeiten

**125 g kalte Butter
oder Margarine** in Stücke schneiden, auf den Brei geben, mit Mehl bedecken, von der Mitte aus alle Zutaten schnell zu einem glatten Teig verkneten
den Teig dünn ausrollen, in Streifen rädern, in der Mitte einschneiden, das eine Ende einmal durchziehen, schwimmend in siedendem

**Ausbackfett
(Speiseöl,
Schweineschmalz
oder Kokosfett)** goldbraun backen, mit einem Schaumlöffel herausnehmen, auf einem Kuchenrost abtropfen lassen, mit
Puderzucker bestäuben.

Nougatkaros

Für den Teig
250 g Weizenmehl mit
**1¼ g (½ gestrichener
Teel.) Backpulver** mischen, auf die Tischplatte sieben, in die Mitte eine Vertiefung eindrücken

**75 g Zucker
1 Päckchen
Vanillin-Zucker
1 Ei** hineingeben, mit einem Teil des Mehls zu einem dicken Brei verarbeiten

**200 g kalte Butter
oder Margarine** in Stücke schneiden, mit
**150 g gemahlenen,
leicht gerösteten
Haselnußkernen** auf den Brei geben, mit Mehl bedecken, von der Mitte aus alle

Zutaten schnell zu einem glatten Teig verkneten, sollte er kleben, ihn eine Zeitlang kalt stellen
den Teig dünn ausrollen, in Quadrate von etwa 3 × 3 cm schneiden oder rädern, auf ein Backblech legen, in den vorgeheizten Backofen schieben

Strom: 175 – 200
Gas: 3 – 4
Backzeit: 8 – 10 Minuten

für die Füllung
200 g
Nuß-Nougatmasse in einem kleinen Topf im Wasserbad bei schwacher Hitze geschmeidig rühren
die Hälfte der erkalteten Plätzchen auf der Unterseite damit bestreichen, die übrigen mit der Unterseite darauf legen

zum Garnieren
50 – 75 g Kuvertüre in einem kleinen Topf im Wasserbad bei schwacher Hitze zu einer geschmeidigen Masse verrühren
die Plätzchen jeweils mit einer Ecke hineintauchen.

Mutzenmandeln

500 g Weizenmehl mit
6 g (2 gestrichene Teel.)
Backpulver Backin mischen, auf die Tischplatte sieben, in die Mitte eine Vertiefung eindrücken

150 g Zucker
3 – 4 Tropfen
Backöl Bittermandel
1 Fläschchen
Rum-Aroma
3 Eier hineingeben, mit einem Teil des Mehls zu einem dicken Brei verarbeiten

150 g kalte Butter
oder Margarine in Stücke schneiden, auf den Brei geben, mit Mehl bedecken, von der Mitte aus alle Zutaten schnell zu einem glatten Teig verkneten, sollte er kleben, ihn eine Zeitlang kalt stellen
den Teig etwa 1 cm dick ausrollen, Mutzenmandeln ausstechen, schwimmend in siedendem

Ausbackfett
(Speiseöl,
Schweineschmalz
oder Kokosfett) goldgelb backen, mit einem Schaumlöffel herausnehmen, auf einem Kuchenrost gut abtropfen lassen, noch heiß in
Zucker wälzen.

Spritzgebäck

250 g Butter oder Margarine	geschmeidig rühren, nach und nach
250 g Zucker 2 Päckchen Vanillin-Zucker 3 Eigelb abgeriebene Schale von 1 Zitrone oder Apfelsine (unbehandelt)	unterrühren
500 g Weizenmehl	mit
6 g (2 gestrichene Teel.) Backpulver	mischen, sieben, nach und nach eßlöffelweise mit
gut 1 Eßl. Milch	unterrühren

bevor das Mehl ganz untergearbeitet ist, wird der Teig sehr fest, dann den Rest des Mehls leicht unterkneten
den Teig durch einen Fleischwolf mit Spezialvorsatz spritzen, in Stücke von beliebiger Länge schneiden, als Stangen und Kränze auf ein Backblech legen, in den vorgeheizten Backofen schieben

Strom:	175 – 200
Gas:	3 – 4
Backzeit:	Etwa 15 Minuten.

Veränderung:

100 g Puderzucker 20 g Kakao etwa 1½ Eßl. heißem Wasser	mischen, sieben, mit glattrühren, so daß eine dickflüssige Masse entsteht
50 g Butter	zerlassen, heiß darunter rühren

das Gebäck an einer der Schmalseiten mit dem Guß bestreichen oder es damit verzieren.

Friesische Pöfferchen

500 g Weizenmehl	in eine Schüssel sieben, mit
1 Päckchen Trocken-Hefe	sorgfältig vermischen
30 g Zucker 1 Päckchen Vanillin-Zucker einige Tropfen Backöl Zitrone 1 gestrichenen Teel. Salz	

100 g zerlassene, lauwarme Butter oder Margarine 2 Eier 250 ml (¼ l) lauwarme Milch	hinzufügen, alles mit einem elektrischen Handrührgerät mit Knethaken zuerst auf der niedrigsten, dann auf der höchsten Stufe in etwa 5 Minuten zu einem Teig verarbeiten, an einem warmen Ort so lange stehenlassen, bis er etwa doppelt so hoch ist, ihn dann auf der höchsten Stufe nochmals gut durchkneten mit 2 Teelöffeln Teigbällchen abstechen, schwimmend in siedendem
Ausbackfett (Speiseöl, Schweineschmalz oder Kokosfett)	in einer Pöfferchen-Pfanne (eiserne Pfanne mit runden Vertiefungen) oder in einem Topf hellbraun backen.
Beigabe:	Zucker und Zimt, Kompott.

Kulleraugen

250 g Weizenmehl 3 g (1 gestrichener Teel.) Backpulver	mit mischen, auf die Tischplatte sieben, in die Mitte eine Vertiefung eindrücken
100 g Zucker 1 Päckchen Vanillin-Zucker Salz 3 Eigelb	hineingeben, mit einem Teil des Mehls zu einem dicken Brei verarbeiten
150 g kalte Margarine	in Stücke schneiden, auf den Brei geben, mit Mehl bedecken, von der Mitte aus alle Zutaten schnell zu einem glatten Teig verkneten, sollte er kleben, ihn eine Zeitlang kalt stellen aus dem Teig daumendicke Rollen formen, in so große Stücke schneiden, daß sich daraus knapp walnußgroße Kugeln formen lassen jede Kugel zuerst mit der oberen Seite in
etwas Eiweiß etwa 50 g abgezogene, gehackte Mandeln	tauchen, dann in drücken, mit der Teigseite auf ein Backblech legen, mit einem Holzlöffelstiel in jede Kugel eine Vertiefung drücken, mit
etwas rotem Gelee	füllen, in den vorgeheizten Backofen schieben
Strom:	175 – 200
Gas:	3 – 4
Backzeit:	Etwa 15 Minuten.

Raspeli

3 Eiweiß	steif schlagen, es muß so fest sein, daß ein Messerschnitt sichtbar bleibt, nach und nach
200 g Zucker	
1 Päckchen Vanillin-Zucker	unterschlagen
30 g Back-Kakao	auf den Eierschnee sieben
150 g Kokosraspel	darüber geben, vorsichtig unter den Eierschnee heben (nicht rühren) von dem Teig mit 2 Teelöffeln Häufchen auf ein gefettetes Backblech setzen
Strom:	130 – 150 (vorgeheizt)
Gas:	1 – 2 (nicht vorgeheizt)
Backzeit:	Etwa 25 Minuten.

Schwarz-Weiß-Gebäck

Für den hellen Teig

250 g Weizenmehl	mit
3 g (1 gestrichener Teel.) Backpulver Backin	mischen, auf die Tischplatte sieben, in die Mitte eine Vertiefung eindrücken
150 g Zucker	
1 Päckchen Vanillin-Zucker	
1 Fläschchen Rum-Aroma oder Butter-Vanille	
1 Ei	hineingeben, mit einem Teil des Mehls zu einem dicken Brei verarbeiten
125 g kalte Butter oder Margarine	in Stücke schneiden, auf den Brei geben, mit Mehl bedecken, von der Mitte aus alle Zutaten schnell zu einem glatten Teig verkneten, sollte er kleben, ihn eine Zeitlang kalt stellen

für den dunklen Teig

20 g Back-Kakao	mit
15 g Zucker	
1 Eßl. Milch	verrühren, unter die Hälfte des Teiges kneten die beiden Teige folgendermaßen zusammensetzen:
	für ein *Schneckenmuster* den hellen und den dunklen Teig zu gleichmäßig großen Rechtecken ausrollen, eines dünn mit
Eiweiß	bestreichen, das zweite darauf legen, ebenfalls bestreichen, fest zusammenwickeln

für ein *Schachbrettmuster* aus dem je 1 cm dick ausgerollten hellen Teig 5, aus dem dunklen Teig 4 je 1 cm breite Streifen von gleicher Länge schneiden, mit Eiweiß bestreichen, abwechselnd je drei neben- und übereinanderlegen, in dünn ausgerollten Teig wickeln

folgende Plätzchen lassen sich leichter herstellen:
aus der einen Teighälfte 3 cm dicke Rollen formen, sie mit Eiweiß bestreichen, in den übrigen ausgerollten Teig wickeln sämtliche Teigrollen eine Zeitlang kalt stellen, in gleichmäßige Scheiben schneiden, auf ein gefettetes Backblech legen, in den vorgeheizten Backofen schieben

Strom:	175 – 200
Gas:	3 – 4
Backzeit:	10 – 15 Minuten.

Zuckersternchen

Für den Teig

250 g Weizenmehl	mit
3 g (1 gestrichener Teel.) Backpulver Backin	mischen, auf die Tischplatte sieben, in die Mitte eine Vertiefung eindrücken
50 g Zucker **1 Päckchen Vanillin-Zucker** **Salz** **5 Tropfen Backöl Zitrone** **1 Eigelb** **3 Eßl. Milch**	hineingeben, mit einem Teil des Mehls zu einem dicken Brei verarbeiten
100 g kalte Butter oder Margarine	in Stücke schneiden, auf den Brei geben, mit Mehl bedecken, von der Mitte aus alle Zutaten schnell zu einem glatten Teig verkneten, sollte er kleben, ihn eine Zeitlang kalt stellen den Teig dünn ausrollen, Sternchen ausstechen, auf ein gefettetes Backblech legen
Strom:	175 – 200
Gas:	5 Minuten vorheizen 3 – 4, backen 3 – 4
Backzeit:	5 – 10 Minuten

für den Guß

150 g Puderzucker	sieben, mit
1 Eiweiß **1 Eßl. Zitronensaft** **etwas heißem Wasser**	glattrühren die erkalteten Sternchen damit bestreichen.

75

Mandelstäbchen

100 g gewürfeltes Orangeat (Sukkade) 100 g abgezogenen, gemahlenen Mandeln 50 g Puderzucker 1 Eiweiß 2 Tropfen Backöl Bittermandel	fein hacken, mit

in einem Topf unter Rühren so lange erhitzen, bis die Masse glänzend ist, abkühlen lassen |
| Puderzucker | auf die Tischplatte sieben, darauf aus der Masse 2 – 3 Rollen formen, von den Rollen gleichmäßige Stücke abschneiden, diese zu etwa 5 cm langen, bleistiftdünnen Stäbchen formen |

für den Guß

30 g Kuvertüre	mit
etwas Kokosfett	in einem kleinen Topf im Wasserbad bei schwacher Hitze zu einer geschmeidigen Masse verrühren, die Enden der Stäbchen hineintauchen, auf Pergamentpapier trocknen lassen.

Zimt-Taler

300 g Weizenmehl 3 g (1 gestrichener Teel.) Backpulver Backin	mit

mischen, auf die Tischplatte sieben, in die Mitte eine Vertiefung eindrücken |
| 75 g Puderzucker 1 Ei, Salz 1 gehäuften Teel. gemahlenen Zimt | hineingeben, mit einem Teil des Mehls zu einem dicken Brei verarbeiten |
| 200 g kalte Butter | in Stücke schneiden, auf den Brei geben |
| 100 g gemahlene, geröstete Haselnußkerne | daraufgeben, von der Mitte aus alle Zutaten schnell zu einem glatten Teig verkneten, sollte er kleben, ihn eine Zeitlang kalt stellen
den Teig etwa 3 mm dick ausrollen, mit einer runden Form (Durchmesser etwa 4 cm) Plätzchen ausstechen, auf ein gefettetes Backblech legen |
Strom:	175 – 200
Gas:	5 Minuten vorheizen 3 – 4, backen 3 – 4
Backzeit:	Etwa 10 Minuten.

„Mailänderli",
Rezept S. 172

Busserl

2 Eiweiß	steif schlagen, der Schnee muß so fest sein, daß ein Messerschnitt sichtbar bleibt, nach und nach
100 g feinkörnigen Zucker	unterschlagen
1 gestrichenen Eßl. Kakao	sieben, mit
50 g zartbitterer feingeschnittener Schokolade	vorsichtig unterheben, mit 2 Teelöffeln walnußgroße Häufchen auf ein gefettetes Backblech setzen
Strom:	130 – 150 (vorgeheizt)
Gas:	1 – 2 (nicht vorgeheizt)
Backzeit:	25 – 35 Minuten.

Spekulatius
(Abb. S. 78)

500 g Weizenmehl	mit
6 g (2 gestrichene Teel.) Backpulver	mischen, auf die Tischplatte sieben, in die Mitte eine Vertiefung eindrücken
250 g Zucker **1 Päck. Vanillin-Zucker** **2 Tropfen 'Backöl Bittermandel** **2 Msp. gemahlenen Kardamom** **2 Messerspitzen gemahlene Nelken** **1 gestrichenen Teel. gemahlenen Zimt**	
2 Eier	hineingeben, mit einem Teil des Mehls zu einem dicken Brei verarbeiten
200 g kalte Butter	in Stücke schneiden, auf den Brei geben
100 g abgezogene, gemahlene Mandeln	darüber streuen, mit Mehl bedecken, von der Mitte aus alle Zutaten schnell zu einem glatten Teig verkneten, sollte er kleben, ihn eine Zeitlang kalt stellen den Teig dünn ausrollen, mit beliebigen Formen (vor allem Tierformen) ausstechen, auf ein gefettetes Backblech legen werden Holzmodel benutzt, den Teig in den gut bemehlten Model drücken, den überstehenden Teig abschneiden, die Spekulatiusstücke aus dem Model schlagen, das Backblech in den vorgeheizten Backofen schieben
Strom:	175 – 200, **Gas:** 3 – 4
Backzeit:	Etwa 10 Minuten.

Zimt-Zucker-Plätzchen

Für den Teig

250 g Weizenmehl	mit
50 g Speisestärke	
3 g (1 gestrichener Teel.)	
Backpulver Backin	mischen, auf die Tischplatte sieben, in die Mitte eine Vertiefung eindrücken
75 g Zucker	
1 Päckchen	
Vanillin-Zucker	
2 Eßl. Milch	hineingeben, mit einem Teil des Mehls zu einem dicken Brei verarbeiten
175 g kalte Butter	
oder Margarine	in Stücke schneiden, auf den Brei geben, mit Mehl bedecken, von der Mitte aus alle Zutaten schnell zu einem glatten Teig verkneten, sollte er kleben, ihn eine Zeitlang kalt stellen
	gut die Hälfte des Teiges knapp 3 mm dick ausrollen, mit einer runden Form (Durchmesser etwa 4 cm) Plätzchen ausstechen, auf ein gefettetes Backblech legen
1 Ei	verschlagen, die Teigplätzchen dünn damit bestreichen
25 g Zucker	mit
1 Messerspitze	
gemahlenem Zimt	mischen, auf die Teigplätzchen streuen
	den Rest des Teiges ebenfalls knapp 3 mm dick ausrollen, mit der gleichen Plätzchenform ausstechen
	diese Teigplätzchen mit einer kleineren Form (Durchmesser etwa 1½ cm) so ausstechen, daß Ringe entstehen
	jeweils einen Ring auf die bestreuten Plätzchen legen, mit verschlagenem Ei bestreichen, mit
etwa 50 g Hagelzucker	bestreuen
Strom:	175 – 200
Gas:	5 Minuten vorheizen 3 – 4, backen 3 – 4
Backzeit:	Etwa 10 Minuten.

Doppelt gefüllte Mürbchen

Für den Teig

325 g Weizenmehl	mit
3 g (1 gestrichener	
Teel.) Backpulver	mischen, auf die Tischplatte sieben, in die Mitte eine Vertiefung eindrücken
100 g Zucker	
1 Päckchen	
Vanillin-Zucker	
1 Ei	hineingeben, mit einem Teil des Mehls zu einem dicken Brei verarbeiten

200 g kalte Butter	in Stücke schneiden, darauf geben, mit Mehl bedecken, von der Mitte aus alle Zutaten schnell zu einem glatten Teig verkneten, sollte er kleben, ihn eine Zeitlang kalt stellen den Teig dünn ausrollen, mit einer runden, gezackten Form (Durchmesser etwa 4 cm) Plätzchen ausstechen, die Hälfte davon noch einmal ausstechen (Durchmesser etwa 1 cm), so daß Ringe entstehen, Plätzchen und Ringe auf ein Backblech legen, in den vorgeheizten Backofen schieben
Strom:	175 – 200
Gas:	3 – 4
Backzeit:	8 – 10 Minuten
	die erkalteten Plätzchen auf der Unterseite mit
Ananas- oder Aprikosen-Konfitüre (durch ein Sieb gestrichen)	bestreichen, die Ringe mit der Unterseite darauf legen
	für die Füllung
75 g zartbittere Schokolade	in Stücke brechen, mit
etwas Kokosfett	in einem kleinen Topf im Wasserbad bei schwacher Hitze zu einer geschmeidigen Masse verrühren, die Plätzchen in der Mitte damit füllen.

Walnußplätzchen

100 g Butter oder Margarine	geschmeidig rühren, nach und nach
100 g Zucker	
1 Päckchen Vanillin-Zucker	
4 Eßl. Milch	hinzugeben
200 g Weizenmehl	mit
3 g (1 gestr. Teel.) Backpulver Backin	mischen, sieben, zwei Drittel davon eßlöffelweise unterrühren, den Rest des Mehls mit
50 g kleingeschnittener Blockschokolade	
50 g gehackten Walnuß-kernen	unterkneten, sollte der Teig kleben, ihn eine Zeitlang kalt stellen, gut haselnußgroße Kugeln formen, leicht flachdrücken, auf ein gefettetes Backblech legen, in den vorgeheizten Backofen schieben
Strom:	175 – 200
Gas:	3 – 4
Backzeit:	Etwa 10 Minuten
100 g halbbittere Kuvertüre	in einem kleinen Topf im Wasserbad glattrühren, die erkalteten Plätzchen knapp zur Hälfte hineintauchen.

Kirschrosetten

300 g Weizenmehl	auf die Tischplatte sieben, in die Mitte eine Vertiefung eindrücken
100 g gesiebten Puderzucker 2 Päckchen Vanillin-Zucker 2 Eigelb Salz abgeriebene Schale von 1 Zitrone oder kleinen Orange (unbehandelt)	hineingeben, mit einem Teil des Mehls zu einem dicken Brei verarbeiten
200 g kalte Butter oder Margarine	in Stücke schneiden, auf den Brei geben, mit Mehl bedecken, von der Mitte aus alle Zutaten schnell zu einem glatten Teig verkneten, sollte er kleben, ihn eine Zeitlang kalt stellen den Teig etwa 3 mm dick ausrollen, mit einer rosettenartigen Form ausstechen, auf ein Backblech legen, mit
Dosenmilch	bestreichen
Belegkirschen	halbieren, jeweils eine Hälfte in die Mitte legen, in den vorgeheizten Backofen schieben
Strom:	175 – 200
Gas:	3 – 4
Backzeit:	Etwa 10 Minuten.

Nuß-Marzipantaler

Für den Teig

150 g Weizenmehl	mit
1½ g (½ gestrichener Teel.) Backpulver Backin	mischen, auf die Tischplatte sieben, in die Mitte eine Vertiefung eindrücken
75 g Zucker 1 Päckchen Vanillin-Zucker 2 Eßl. Wasser	hineingeben, mit einem Teil des Mehls zu einem dicken Brei verarbeiten
125 g kalte Butter oder Margarine	in Stücke schneiden, auf den Brei geben, mit
150 g gemahlenen Haselnußkernen	bedecken, von der Mitte aus alle Zutaten schnell zu einem glatten Teig verkneten, sollte er kleben, ihn eine Zeitlang kalt stellen den Teig etwa 2 mm dick ausrollen, mit einer runden Form

	(Durchmesser etwa 4 cm) ausstechen, auf ein Backblech legen, in den vorgeheizten Backofen schieben
Strom:	175 – 200
Gas:	3 – 4
Backzeit:	8 – 10 Minuten

für den Belag

200 g Marzipan-Rohmasse	mit
100 g gesiebtem Puderzucker	gut verkneten, dünn auf
gesiebtem Puderzucker	ausrollen, Plätzchen in der Größe der Teigplätzchen ausstechen, die Teigplätzchen nach dem Erkalten dünn mit
rotem Johannisbeergelee	bestreichen, die Marzipan-Plätzchen darauf setzen

für den Guß

75 g Puderzucker	sieben, mit
2 Eßl. Rum oder Zitronensaft	zu einer dünnflüssigen Masse verrühren die Oberfläche der Plätzchen dünn mit dem Guß bestreichen, mit
feingehackten Haselnußkernen, Pistazienkernen oder kandierten Kirschenhälften	garnieren.

Haselnußmakronen

4 Eiweiß	steif schlagen, es muß so fest sein, daß ein Messerschnitt sichtbar bleibt, nach und nach
200 g feinkörnigen Zucker 1 **Messerspitze gemahlenen Zimt** 4 **Tropfen**	
Backöl Bittermandel	unterschlagen
200 g Haselnußkerne	in Scheiben schneiden
150 g gemahlene Haselnußkerne	
	beide Zutaten vorsichtig unter den Eierschnee heben (nicht rühren) von dem Teig mit 2 Teelöffeln Häufchen auf ein gefettetes Backblech setzen
Strom:	130 – 150 (vorgeheizt)
Gas:	1 – 2 (nicht vorgeheizt)
Backzeit:	20 – 25 Minuten.

Nußsterne

	Für den Teig
150 g Weizenmehl	mit
1 Messerspitze	
Backpulver Backin	mischen, auf die Tischplatte sieben, in die Mitte eine Vertiefung eindrücken
150 g Zucker	
1 Päckchen Vanillin-	
Zucker	hineingeben
150 g kalte Butter	
oder Margarine	in Stücke schneiden, mit
150 g gemahlenen	
Haselnußkernen	darauf geben, mit Mehl bedecken, von der Mitte aus alle Zutaten schnell zu einem glatten Teig verkneten, sollte er kleben, ihn eine Zeitlang kalt stellen
	den Teig dünn ausrollen, Sterne ausstechen, auf ein gefettetes Backblech legen
Strom:	175 – 200
Gas:	5 Minuten vorheizen 3 – 4, backen 3 – 4
Backzeit:	Etwa 10 Minuten
	die Hälfte der erkalteten Plätzchen mit
3 Eßl. rotem Gelee	bestreichen, die übrigen darauflegen

	für den Guß
200 g Haselnußglasur	nach der Vorschrift auf dem Päckchen auflösen, die Plätzchen damit bestreichen, sofort mit
abgezogenen, halbierten Mandeln	
halbierten Haselnußkernen	garnieren.

Pfeffernüsse mit Guß

	Für den Teig
500 g Weizenmehl	mit
9 g (3 gestrichene Teel.)	
Backpulver Backin	mischen, auf die Tischplatte sieben, in die Mitte eine Vertiefung eindrücken
325 g Zucker	
½ Fläschchen	
Backöl Zitrone	
je 1 Messerspitze	
gemahlenen Ingwer,	
gemahlenen Kardamom,	
gemahlene Nelken,	
gemahlenen weißen	
Pfeffer	

1 schwach gehäuften Eßl. gemahlenen Zimt	
2 Eier	
6 Eßl. Milch oder Wasser	hineingeben, mit einem Teil des Mehls zu einem dicken Brei verarbeiten
50 g Mandeln	mahlen
50 g gewürfeltes Zitronat (Sukkade)	
	die Zutaten auf den Brei geben, mit Mehl bedecken, von der Mitte aus alle Zutaten schnell zu einem glatten Teig verkneten, sollte er kleben, noch etwas Mehl hinzugeben den Teig gut 1 cm dick ausrollen, mit einer runden Form (Durchmesser etwa 2½ cm) ausstechen, auf ein gefettetes Backblech legen
Strom:	175 – 200
Gas:	5 Minuten vorheizen 3 – 4, backen 3 – 4
Backzeit:	Etwa 15 Minuten

	für den Guß
400 g Puderzucker	sieben, mit
etwa 6 Eßl. heißem Wasser	glattrühren, so daß eine dickflüssige Masse entsteht, die erkalteten Pfeffernüsse damit überziehen sollten sie hart sein, sie einige Tage offen an der Luft stehenlassen, dann in gut schließenden Blechdosen aufbewahren.

Wundernüßchen

2 Eiweiß	steif schlagen, es muß so fest sein, daß ein Messerschnitt sichtbar bleibt, nach und nach
75 g Zucker	
1 Päckchen Vanillin-Zucker	unterschlagen
2 Tropfen Backöl Bittermandel	hinzugeben
175 g gemahlene Haselnußkerne	vorsichtig unter den Eierschnee heben (nicht rühren) den Teig mit in Wasser getauchten Händen zu knapp walnußgroßen Kugeln formen, auf ein mit Pergamentpapier belegtes Backblech legen, mit einem in Wasser getauchten Backöl-Fläschchen in jede Kugel eine Vertiefung eindrücken
Strom:	175 – 200 (vorgeheizt)
Gas:	2 – 3 (nicht vorgeheizt)
Backzeit:	Etwa 15 Minuten die Plätzchen nach dem Erkalten sofort in einer gut schließenden Dose aufbewahren, vor dem Verzehr nach Belieben mit verschiedenen Sorten
Konfitüre oder Gelee	füllen.

Knusper-Häuschen
(Abb. S. 87)

Als Vorarbeit für das Knusper-Häuschen für die Bodenfläche Karton in der Größe von 20 x 32 cm schneiden entsprechend den Angaben Muster aus Papier in der in mm angegebenen Größe schneiden, danach auf Karton übertragen

für den Teig

100 g Honig mit
50 g Zucker
Salz, 25 g Butter langsam erwärmen, zerlassen, in eine Rührschüssel geben, kalt stellen
unter die fast erkaltete Masse

1 Ei
½ Teel. gemahlenen
Zimt
2 Tropfen
Backöl Bittermandel rühren
250 g Weizenmehl
9 g (3 gestrichene
Teel.) Backpulver mischen, sieben, ⅔ davon eßlöffelweise unterrühren, den Rest des Mehls unter den Teigbrei kneten, sollte er kleben, noch etwas Mehl hinzugeben
den Teig auf einem gefetteten Backblech (32 x 40 cm) ausrollen, in den vorgeheizten Backofen schieben
Strom: 175 – 200
Gas: 3 – 4
Backzeit: 10 – 20 Minuten
sofort nach dem Backen aus der Honigkuchenplatte mit einem spitzen Messer zweimal die tatsächlich sichtbaren Flächen der 4 Hauswände ausschneiden (Papiermuster, dabei die zum Zusammenkleben angegebenen Teile nicht berücksichtigen)
das Dach in 2 Hälften, je 10,2 x 8,5 cm, die Bodenfläche (20 x 32 cm) schneiden

für den Guß

175 g gesiebten
Puderzucker mit so viel
Eiweiß glattrühren, daß eine dickflüssige Masse entsteht (bei Bedarf nochmal die gleiche Menge anrühren, da auch alle Süßigkeiten mit Eiweiß angeklebt werden)

zum Garnieren
die Gebäckteile für die Wände auf die bereits zugeschnittenen Kartonwände kleben, diese mit Eiweißguß auf der Bodenfläche befestigen, nach Belieben mit

Fortsetzung Seite 89

bunten Zuckersachen	garnieren
	die zwei Honigkuchenplatten für das Dach auf den in der Mitte geknickten Karton kleben, mit
Schokoladenplätzchen	garnieren
	das Dach auf dem Haus ankleben
4 Schokoladenriegel	zusammenkleben, als Kamin auf dem Dach anbringen
	den Rauch aus
Watte	herstellen, die Kanten des Daches mit
bunten Zuckersachen	bekleben, mit Eiszapfen aus Guß versehen
	für den Zaun
Zuckerstäbchen Zuckerkugeln	in Abständen ankleben
	nach Belieben
Märchenfiguren	hineinstellen, alles leicht mit
Puderzucker	bestäuben.

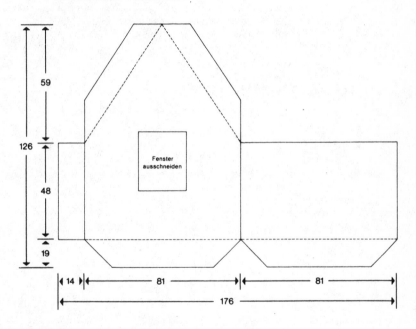

Dieses Muster für die Hauswände 2 x aus Karton schneiden, die gestrichelten Linien leicht einritzen und kniffen. Fenster ausschneiden, mit roter Blattgelatine bekleben.

Flockige Kokos-Makronen,
Rezept S. 181

Rondjes

50 g Zucker	unter Rühren so lange erhitzen, bis er gebräunt ist, ihn dann auf ein geöltes Stück Alufolie geben, nach dem Erkalten den Zucker fein zerdrücken
175 g Butter	geschmeidig rühren, nach und nach
75 g Rohzucker	
1 Teel. Sirup	
1 Eßl. Wasser	hinzufügen
250 g Weizenmehl	sieben, eßlöffelweise unterrühren den zerdrückten Zucker unterkneten aus dem Teig gut haselnußgroße Kugeln formen, nicht zu dicht nebeneinander auf ein Backblech legen, flachdrücken, in den vorgeheizten Backofen schieben
Strom:	175 – 200
Gas:	3 – 4
Backzeit:	Etwa 10 Minuten die Plätzchen sofort nach dem Backen vom Backblech lösen, das erkaltete Gebäck in einer gut schließenden Dose aufbewahren.

Nuß-Nougatplätzchen

Für den Teig

2 Eier	schaumig schlagen, nach und nach
200 g Zucker	
1 Päckchen Vanillin-Zucker	hinzugeben, so lange schlagen, bis eine cremeartige Masse entstanden ist
1 Messerspitze gemahlene Nelken	
1 Messerspitze gemahlene Muskatblüte	
3 Tropfen Backöl Zitrone	
50 g verlesene Rosinen	
30 g feingewürfeltes Orangeat	
30 g feingewürfeltes Zitronat (Sukkade)	
250 g gemahlene Haselnußkerne	unter die Eiercreme heben
200 g Nuß-Nougatmasse	in einem kleinen Topf im Wasserbad bei schwacher Hitze zu einer geschmeidigen Masse verrühren, unter die Haselnußmasse rühren, die Masse bergartig auf

etwa 70 Oblaten **(Durchmesser 5 cm)**	streichen, auf ein Backblech legen
Strom:	130 – 150 (vorgeheizt)
Gas:	1 – 2 (nicht vorgeheizt)
Backzeit:	20 – 25 Minuten

für den Guß

250 g Puderzucker	sieben, mit
5 – 6 Eßl.	
Zitronensaft	zu einer dickflüssigen Masse verrühren die noch warmen Plätzchen damit bestreichen.

Gefüllter Honigkuchen

Für den Teig

200 g Honig **oder Sirup**	mit
100 g Zucker	
Salz	
50 g Butter **oder Margarine**	
1 Eßl. Wasser	langsam erwärmen, zerlassen, in eine Rührschüssel geben, kalt stellen, unter die fast erkaltete Masse
1 Ei	
1 gestrichenen Teel. **gemahlenen Zimt**	
2 Tropfen **Backöl Bittermandel**	rühren
500 g Weizenmehl	mit
1 Päckchen **Backpulver Backin**	mischen, sieben, ⅔ davon eßlöffelweise unterrühren den Rest des Mehls unter den Teigbrei kneten, sollte er kleben, noch etwas Mehl hinzugeben ⅔ des Teiges auf einem gefetteten Backblech ausrollen (reicht für ¾ eines Blechs), an den Seiten etwas hochdrücken den übrigen Teig passend zu einer Decke ausrollen, mit Papier aufwickeln, beiseite legen den Teig gleichmäßig mit
etwa 375 g nicht zu **süßer Konfitüre**	bestreichen, die Teigdecke darauf legen, mit einer Gabel mehrmals einstechen, in den vorgeheizten Backofen schieben
Strom:	200 – 225
Gas:	3 – 4
Backzeit:	Etwa 20 Minuten *für den Guß*
100 g Puderzucker	sieben, mit
2 Eßl. Zitronensaft	glattrühren, so daß eine dickflüssige Masse entsteht, sofort nach dem Backen das Gebäck damit bestreichen, in gleichmäßige Streifen von etwa 3 x 9 cm schneiden.

Gewürzplätzchen

3 Eier	schaumig schlagen, nach und nach
200 g Zucker	
1 Päckchen Vanillin-Zucker	
½ Fläschchen Rum-Aroma oder Backöl Zitrone	
¼ gestrichenen Teel. gemahlenen Kardamom	
1 gestrichenen Teel. gemahlene Nelken	
1 gestrichenen Teel. gemahlenen Zimt	hinzufügen, so lange schlagen, bis eine cremeartige Masse entstanden ist (nach etwa 15 Minuten)
200 g Weizenmehl	
1 Messerspitze Backpulver Backin	mischen, sieben, eßlöffelweise unterrühren den Teig dünn und gleichmäßig (knapp ½ cm) auf ein gefettetes Backblech streichen
Strom:	200 – 225
Gas:	5 Minuten vorheizen 3 – 4, backen 3 – 4
Backzeit:	Etwa 15 Minuten nach 10 Minuten Backzeit das Gebäck in Rechtecke von etwa 2½ x 6 cm schneiden, weiterbacken lassen, die gebräunten Plätzchen nach und nach vom Blech nehmen, das Gebäck darf dabei nicht abkühlen, es zerbricht sonst die Plätzchen in gut schließenden Blechdosen aufbewahren.

Johannistaler

	Für den Teig
250 g Weizenmehl	mit
6 g (2 gestrichene Teel.) Backpulver Backin	mischen, auf die Tischplatte sieben, in die Mitte eine Vertiefung eindrücken
100 g Zucker	
1 Päckchen Vanillin-Zucker	
1 Ei	hineingeben, mit einem Teil des Mehls zu einem dicken Brei verarbeiten
125 g kalte Butter oder Margarine	in Stücke schneiden, auf den Brei geben, mit Mehl bedecken, von der Mitte aus alle Zutaten schnell zu einem glatten Teig verkneten, sollte er kleben, ihn eine Zeitlang kalt stellen den Teig dünn ausrollen, mit einer runden Form

(Durchmesser etwa 5 cm) Plätzchen ausstechen, die Hälfte davon nochmals ausstechen (Durchmesser 2 cm), so daß Ringe entstehen
Plätzchen und Ringe auf ein Backblech legen, in den vorgeheizten Backofen schieben

Strom: 175 – 200
Gas: 3 – 4
Backzeit: 6 – 8 Minuten
das Gebäck erkalten lassen

für den hellen Guß

200 g gesiebten Puderzucker mit
1 Eßl. Rum
2 – 3 Eßl. Wasser zu einer dickflüssigen Masse verrühren

für den dunklen Guß

100 g Puderzucker mit
etwa 1 Eßl. Kakao sieben, mit
etwa 1 Eßl. Wasser
oder Weinbrand zu einer dickflüssigen Masse verrühren, in ein Pergamentpapiertütchen füllen
vor dem Zusammensetzen jeweils 1 Ringplätzchen mit hellem Guß bestreichen, sofort mit dem braunen Guß einen Ring darauf spritzen, mit einem nassen Messer mehrere Male vom Rand aus zur Mitte (nach Belieben auch entgegengesetzt) leicht durch den Guß ziehen
jeweils 1 Plätzchen auf der Unterseite mit
rotem Johannisbeergelee bestreichen, den Ring darauf legen.

Mandelmakronen

2 Eiweiß steif schlagen, es muß so fest sein, daß ein Messerschnitt sichtbar bleibt, nach und nach

100 g Zucker
1 Messerspitze gemahlenen Zimt
2 Tropfen Backöl Bittermandel unterschlagen
100 g abgezogene, gemahlene Mandeln
75 g abgezogene, gehackte Mandeln vorsichtig unter den Eierschnee heben (nicht rühren)
von dem Teig mit 2 Teelöffeln Häufchen auf ein gefettetes Backblech setzen

Strom: 130 – 150 (vorgeheizt)
Gas: 1 – 2 (nicht vorgeheizt)
Backzeit: 30 – 35 Minuten.

Eierkränzchen

250 g Butter	geschmeidig rühren, nach und nach
125 g Zucker	
2 Päckchen	
Vanillin-Zucker	
1 Ei	
3 Eigelb	unterrühren
250 g Weizenmehl	mit
150 g Speisestärke	mischen, sieben, eßlöffelweise unterrühren den Teig in einen Spritzbeutel mit gezackter Tülle füllen, in Form von Kränzchen (Durchmesser etwa 4 cm) auf ein gefettetes Backblech spritzen
200 g Belegkirschen, rot und grün	in Streifen schneiden, die Teigkränzchen damit belegen, in den vorgeheizten Backofen schieben
Strom:	175 – 200
Gas:	3 – 4
Backzeit:	Etwa 12 Minuten.

Schokoladen-Biskuitrolle

Für den Teig

4 Eigelb	mit
4 Eßl.	
warmem Wasser	schaumig schlagen, nach und nach ⅔ von
125 g Zucker	mit
1 Päckchen	
Vanillin-Zucker	dazugeben, so lange schlagen, bis eine cremeartige Masse entstanden ist
4 Eiweiß	steif schlagen, den Rest des Zuckers unterschlagen, den Schnee auf die Eigelbcreme geben
50 g Weizenmehl	mit
50 g Speisestärke	
30 g Kakao	
1½ g (½ gestrichener Teel.) Backpulver	mischen, darüber sieben, vorsichtig unter die Eigelbcreme ziehen (nicht rühren) den Teig etwa 1 cm dick auf ein gefettetes, mit Pergamentpapier belegtes Backblech streichen, an der offenen Seite des Blechs das Papier unmittelbar vor dem Teig zu einer Falte knicken, so daß ein Rand entsteht, im vorgeheizten Backofen backen
Strom:	200 – 225
Gas:	3 – 4
Backzeit:	10 – 15 Minuten den Biskuit sofort nach dem Backen auf ein mit Zucker bestreutes Papier stürzen, das Pergamentpapier mit kaltem

Wasser bestreichen, vorsichtig, aber schnell abziehen
den Biskuit mit der Papierunterlage aufrollen, kalt stellen

für die Füllung

1 Päckchen
Pudding-Pulver
Vanille-Geschmack
100 g Zucker mit 6 Eßl. von
500 ml (½ l)
kalter Milch anrühren, die übrige Milch erhitzen
in die kochende, von der Kochstelle genommene Milch das
angerührte Pudding-Pulver rühren, einmal kurz aufkochen
lassen, während des Erkaltens ab und zu durchrühren
200 g Butter geschmeidig rühren, den Pudding eßlöffelweise darunter
geben (darauf achten, daß weder Fett noch Pudding zu kalt
sind, da dann die sogenannte Gerinnung eintritt)
die ausgekühlte Rolle vorsichtig auseinanderrollen, mit der
Hälfte der Buttercreme gleichmäßig bestreichen, aufrollen,
die äußere braune Haut entfernen, die Rolle mit der
restlichen Creme bestreichen, verzieren.

Orangenplätzchen

Für den Teig
175 g Butter geschmeidig rühren, nach und nach
100 g Zucker
1 Päckchen
Vanillin-Zucker
1 Ei, Salz
1 Fläschchen
Backöl Zitrone unterrühren
300 g Weizenmehl sieben, ⅔ davon eßlöffelweise unterrühren, den Rest des
Mehls mit dem Teigbrei zu einem glatten Teig verkneten,
sollte er kleben, ihn eine Zeitlang kalt stellen
den Teig knapp ½ cm dick ausrollen, mit einer runden Form
(Durchmesser etwa 4 cm) ausstechen, auf ein gefettetes
Backblech legen, in den vorgeheizten Backofen schieben
Strom: 175 – 200
Gas: 3 – 4
Backzeit: 10 – 15 Minuten

für den Guß
175 g Puderzucker sieben, mit
4 – 5 Eßl.
Orangenlikör
oder Zitronensaft glattrühren, so daß eine dickflüssige Masse entsteht, die
erkalteten Plätzchen damit bestreichen
kandierte Orangen-
scheiben in Stücke schneiden, die Plätzchen damit garnieren.

Nuß- oder Kokosecken
(Abb. S. 97)

	Für den Teig
150 g Weizenmehl **1½ g (½ gestrichener** **Teel.) Backpulver Backin**	mit mischen, auf die Tischplatte sieben, in die Mitte eine Vertiefung eindrücken
65 g Zucker **1 Päckchen** **Vanillin-Zucker** **1 Ei**	hineingeben, mit einem Teil des Mehls zu einem dicken Brei verarbeiten
65 g kalte Butter **oder Margarine**	in Stücke schneiden, auf den Brei geben, mit Mehl bedecken, von der Mitte aus alle Zutaten schnell zu einem glatten Teig verkneten, sollte er kleben, ihn eine Zeitlang kalt stellen den Teig zu einem Rechteck von etwa 32 × 24 cm auf einem gefetteten Backblech ausrollen, mit
2 Eßl. Aprikosen- **Konfitüre**	bestreichen
	für den Belag
100 g Butter oder **Margarine** **100 g Zucker** **1 Päckchen** **Vanillin-Zucker** **2 Eßl. Wasser**	mit langsam erwärmen, zerlassen
100 g gemahlene **Haselnußkerne** **100 g gehackte** **Haselnußkerne** **oder** **200 g Kokosraspeln**	unterrühren, kurz aufkochen, etwas abkühlen lassen, gleichmäßig auf dem Teig verteilen, vor den Teig ein mehrfach umgeknicktes Stück Alufolie legen, in den vorgeheizten Backofen schieben
Strom:	175 – 200
Gas:	3 – 4
Backzeit:	20 – 30 Minuten das Gebäck etwas abkühlen lassen, in Vierecke von 8 × 8 cm schneiden, diese so in Hälften teilen, daß Dreiecke entstehen
	für den Guß
50 g Zartbitter- **Kuvertüre**	in einem kleinen Topf im Wasserbad bei schwacher Hitze zu einer geschmeidigen Masse verrühren, die beiden spitzen Ecken des Gebäcks damit bestreichen.

Marzipanwürfel
(Abb. S. 98)

Für den Teig

150 g Weizenmehl mit
1½ g (½ gestrichener
Teel.) Backpulver mischen, auf die Tischplatte sieben, in die Mitte eine
Vertiefung eindrücken

65 g Zucker
1 Päckchen
Vanillin-Zucker
1 Ei (die Hälfte des Eiweißes zurücklassen) hineingeben, mit
einem Teil des Mehls zu einem dicken Brei verarbeiten
65 g kalte Butter in Stücke schneiden, auf den Brei geben, mit Mehl bedecken,
von der Mitte aus alle Zutaten schnell zu einem glatten Teig
verkneten, sollte er kleben, ihn eine Zeitlang kalt stellen
den Teig in der Größe von 25 × 25 cm auf einem Backblech
ausrollen, mehrmals mit einer Gabel einstechen, in den
vorgeheizten Backofen schieben, nur hellgelb backen
Strom: 175 – 200, **Gas:** 3 – 4
Backzeit: 10 – 15 Minuten
etwa 100 g
Aprikosen-
Konfitüre durch ein Sieb streichen, die gut ausgekühlte Gebäckplatte
damit bestreichen

für den Belag

100 g Puderzucker sieben, mit
200 g Marzipan-
Rohmasse verkneten, auf
gesiebtem
Puderzucker in der Größe von 25 × 25 cm ausrollen
die Marzipanplatte auf die Gebäckplatte legen, gut andrücken
mit einem Messerrücken oder kleinen Förmchen
Verzierungen eindrücken
die obere Seite mit dem zurückgelassenen Eiweiß leicht
bestreichen, das Backblech auf die oberste Schiene in den
vorgeheizten Backofen schieben, leicht überbacken
Strom: 250, **Gas:** 8
Backzeit: Etwa 5 Minuten
das Gebäck erkalten lassen, in Würfel schneiden

für den Guß

etwa 200 g dunkle
Kuvertüre in einem kleinen Topf im Wasserbad bei schwacher Hitze zu
einer geschmeidigen Masse verrühren, die Marzipanwürfel bis
zur Hälfte hineintauchen.

Zimtstangen,
Rezept S. 100

Zimtstangen
(Abb. S. 98)

250 g Weizenmehl	auf die Tischplatte sieben, in die Mitte eine Vertiefung eindrücken
75 g Zucker **1 Päckchen** **Vanillin-Zucker** **½ Fläschchen** **Rum-Aroma** **1 gestrichenen Eßl.** **gemahlenen Zimt**	
1 Eigelb	hineingeben, mit einem Teil des Mehls zu einem dicken Brei verarbeiten
125 g kalte **Butter oder** **Margarine**	in Stücke schneiden, auf den Brei geben, mit Mehl bedecken, von der Mitte aus alle Zutaten schnell zu einem glatten Teig verkneten, sollte er kleben, ihn eine Zeitlang kalt stellen den Teig dünn ausrollen, Stangen von gut 2 × 6 cm schneiden, auf ein gefettetes Backblech legen
1 Eiweiß	zu fast steifem Schnee schlagen, die Stangen damit bestreichen, mit
Zucker	bestreuen
	sollte der Eierschnee nicht reichen, die restlichen Stangen mit
Dosenmilch	bestreichen, mit
Zucker **abgezogenen,** **gehobelten Mandeln**	bestreuen, in den vorgeheizten Backofen schieben
Strom:	175 – 200
Gas:	3 – 4
Backzeit:	Etwa 10 Minuten.

Nikolausstiefel

Für den Teig

125 g Honig	mit
50 g Zucker **1 Päckchen** **Vanillin-Zucker** **60 g Butter** **oder Margarine**	langsam erwärmen, zerlassen, in eine Rührschüssel geben, kalt stellen unter die fast erkaltete Masse
1 Eigelb **1 Messerspitze** **gemahlenen Zimt**	

1 Messerspitze
gemahlene Nelken rühren
250 g Weizenmehl mit
6 g (2 gestr. Teel.)
Backpulver Backin
1 gestr. Teel. Kakao mischen, sieben, ⅔ davon eßlöffelweise unterrühren, den
Rest des Mehls unterkneten
den Teig gut ½ cm dick ausrollen, Stiefel von gewünschter
Größe (am besten nach Papierschablone) ausschneiden, aus
dem restlichen Teig Plätzchen ausstechen
die Teigstücke auf ein gefettetes Backblech legen, in den
vorgeheizten Backofen schieben
Strom: 175 – 200
Gas: 3 – 4
Backzeit: Etwa 15 Minuten

zum Verzieren
100 g Puderzucker mit so viel
Eiweiß verrühren, daß eine spritzfähige Masse entsteht
die Stiefel mit dem Guß verzieren, mit
bunten Süßigkeiten
oder halbierten
roten Belegkirschen garnieren
die Plätzchen ebenfalls verzieren.

Quarkwaffeln mit Rosinen

125 g Butter
oder Margarine geschmeidig rühren, nach und nach
100 g Zucker
1 Päckchen
Vanillin-Zucker
3 Eier
abgeriebene Schale
von ½ Zitrone
(unbehandelt)
125 g Speisequark unterrühren
200 g Weizenmehl mit
4½ g (1½ gestrichene
Teel.) Backpulver mischen, sieben, abwechselnd mit
6 Eßl. Milch unterrühren
50 – 75 g
verlesene Rosinen unterheben
den Teig in nicht zu großen Portionen in ein gut erhitztes,
gefettetes Waffeleisen füllen, von beiden Seiten goldbraun
backen
die Waffeln einzeln auf einem Kuchenrost erkalten lassen, mit
Puderzucker bestäuben, möglichst sofort verzehren.

Nikolaus

50 g Butter oder Margarine	geschmeidig rühren, nach und nach
50 g Zucker	
1 Päckchen Vanillin-Zucker	
1 Ei	
5 Tropfen Rum-Aroma	
Salz	unterrühren
75 g Weizenmehl	mit
1½ g (½ gestr. Teel.) Backpulver Backin	mischen, sieben, eßlöffelweise unterrühren den Teig in die gefettete, mit
Semmelmehl	ausgestreute Nikolausform füllen
Strom:	175 – 200 (vorgeheizt)
Gas:	2 – 3 (nicht vorgeheizt)
Backzeit:	35 – 45 Minuten den Nikolaus etwa 5 Minuten in der Form abkühlen lassen, ihn dann aus der Form nehmen, erkalten lassen, mit
Puderzucker	bestäuben.

Zimt-Baiser-Plätzchen

Für den Teig

125 g Weizenmehl	auf die Tischplatte sieben, in die Mitte eine Vertiefung eindrücken
2 Eigelb	
50 g Zucker	
1 Päckchen Vanillin-Zucker	hineingeben, mit einem Teil des Mehls zu einem dicken Brei verarbeiten
65 g kalte Butter oder Margarine	in Stücke schneiden, auf den Brei geben, mit Mehl bedecken, von der Mitte aus alle Zutaten schnell zu einem glatten Teig verkneten, sollte er kleben, ihn eine Zeitlang kalt stellen den Teig etwa 2 mm dick ausrollen, mit einer runden Form (Durchmesser 3 – 4 cm) ausstechen, auf ein gefettetes Backblech legen

für die Baisermasse

2 Eiweiß	mit
100 g Zucker	
1 Teel. gemahlenem Zimt	verrühren, im Wasserbad so lange schlagen, bis der Eierschnee schnittfest ist

100 g abgezogene, gemahlene Mandeln	unterheben auf jedes Plätzchen etwas (etwa ¾ Teel.) von der Baisermasse streichen
kandierte Kirschen	halbieren, die Plätzchen jeweils mit einer halben Kirsche garnieren, in den vorgeheizten Backofen schieben
Strom:	175 – 200, **Gas:** 3 – 4
Backzeit:	Etwa 10 Minuten.

Bunte Weihnachtsengel

Für den Teig

250 g Weizenmehl	mit
3 g (1 gestrichener Teel.) Backpulver	mischen, auf die Tischplatte sieben, in die Mitte eine Vertiefung eindrücken
75 g Zucker **1 Päckchen Vanillin-Zucker** **½ Fläschchen Rum-Aroma** **1 Messerspitze gemahlenen Kardamom** **1 Messerspitze gemahlenen Zimt** **1 Ei**	hineingeben, mit einem Teil des Mehls zu einem dicken Brei verarbeiten
75 g kalte Butter	in Stücke schneiden, auf den Brei geben, von der Mitte aus alle Zutaten schnell zu einem glatten Teig verkneten, sollte er kleben, ihn eine Zeitlang kalt stellen den Teig knapp ½ cm dick ausrollen, Figuren (am besten nach einer Papierschablone) ausschneiden, auf ein gefettetes Backblech legen, in den vorgeheizten Backofen schieben
Strom:	175 – 200
Gas:	3 – 4
Backzeit:	Etwa 10 Minuten

für den Guß nach Belieben

gesiebten Puderzucker	mit so viel
Eiweiß	verrühren, daß eine dickflüssige Masse entsteht einen Teil davon mit
Eigelb aufgelöster grüner und roter Götterspeise Instant-Kaffee	färben die Engel mit dem Guß verzieren.

103

Orangen-Schoko-Plätzchen

200 g Weizenmehl **60 g Speisestärke** **3 g (1 gestrichener** **Teel.) Backpulver**	mit mischen, auf die Tischplatte sieben, in die Mitte eine Vertiefung eindrücken
100 g Zucker **1 Päckchen** **Vanillin-Zucker** **abgeriebene Schale** **von 1 Orange** **(unbehandelt)** **1 Ei**	 hineingeben, mit einem Teil des Mehls zu einem dicken Brei verarbeiten
125 g kalte Butter **oder Margarine**	 in kleine Stücke schneiden, auf den Brei geben
100 g zartbittere **Schokolade**	 in kleine Stücke schneiden, auf den Brei geben, mit Mehl bedecken, von der Mitte aus alle Zutaten schnell zu einem glatten Teig verkneten aus dem Teig 3 etwa 3 cm dicke Rollen formen, breitdrücken, so daß die Teigstreifen etwa 5 cm breit und gut 1 cm hoch sind, kalt stellen, bis der Teig hart geworden ist, ihn dann mit einem scharfen Messer in knapp ½ cm dicke Scheiben schneiden, auf ein Backblech legen, in den vorgeheizten Backofen schieben
Strom:	175 – 200
Gas:	3 – 4
Backzeit:	Etwa 10 Minuten.

Vanillekipferl

250 g Weizenmehl **1 Messerspitze** **Backpulver Backin**	mit mischen, auf die Tischplatte sieben, in die Mitte eine Vertiefung eindrücken
125 g Zucker **1 Päckchen** **Vanillin-Zucker** **3 Eigelb**	 hineingeben, mit einem Teil des Mehls zu einem dicken Brei verarbeiten
200 g kalte Butter	in Stücke schneiden
125 g abgezogene, **gemahlene Mandeln**	 beide Zutaten auf den Brei geben, mit Mehl bedecken von der Mitte aus alle Zutaten schnell zu einem glatten Teig verkneten

aus dem Teig daumendicke Rollen formen, gut 2 cm lange Stücke davon abschneiden, diese zu etwa 5 cm langen Rollen formen, die Enden etwas dünner rollen, als Hörnchen auf ein Backblech legen, in den vorgeheizten Backofen schieben

Strom: 175 – 200
Gas: 3 – 4
Backzeit: Etwa 10 Minuten

50 g Puderzucker sieben, mit
1 Päckchen
Vanillin-Zucker
½ gestrichenen Teel.
gemahlenem Zimt
50 g abgezogenen,
feingehackten
Mandeln mischen
die noch heißen Kipferl darin wälzen.

Sterntaler

Für den Teig
250 g Weizenmehl auf die Tischplatte sieben, in die Mitte eine Vertiefung eindrücken

50 g gesiebten
Puderzucker
1 Päckchen
Vanillin-Zucker
abgeriebene Schale
von ½ Zitrone
(unbehandelt)
1 Eßl. Zitronensaft hineingeben
175 g kalte Butter
oder Margarine in Stücke schneiden, darauf geben, mit Mehl bedecken, von der Mitte aus alle Zutaten schnell zu einem glatten Teig verkneten, sollte er kleben, ihn eine Zeitlang kalt stellen
den Teig etwa 3 mm dick ausrollen, Sterne ausstechen, auf ein gefettetes Backblech legen, in den vorgeheizten Backofen schieben

Strom: 175 – 200
Gas: 3 – 4
Backzeit: Etwa 8 Minuten

für den Guß
175 g Puderzucker sieben, mit
etwa 3 Eßl.
Zitronensaft glattrühren, so daß eine dickflüssige Masse entsteht, die erkalteten Plätzchen damit bestreichen, mit

etwa 20 g gehackten
Pistazienkernen bestreuen.

Mohnkränzchen

175 g Butter	geschmeidig rühren, nach und nach
100 g Zucker	
1 Päckchen	
Vanillin-Zucker	
1 Ei	hinzugeben
175 g Weizenmehl	mit
75 g Speisestärke	mischen, mit
100 g gemahlenem	
Mohn	eßlöffelweise unterrühren
	den Teig in einen Spritzbeutel mit gezackter Tülle füllen, Ringe (Durchmesser etwa 4 cm) auf ein Backblech spritzen, in den vorgeheizten Backofen schieben
Strom:	175 – 200, **Gas:** 3 – 4
Backzeit:	Etwa 10 Minuten.

Früchtebrot

3 Eier	schaumig schlagen, nach und nach
125 g Zucker	
1 Päckchen	
Vanillin-Zucker	hinzugeben, so lange schlagen, bis eine dicke, cremeartige Masse entstanden ist
½ Fläschchen	
Rum-Aroma	
1 Messerspitze	
gemahlenen Zimt	unterrühren
125 g Haselnußkerne	halbieren
125 g getrocknete Feigen	in Würfel schneiden
250 g Rosinen	verlesen
60 g abgezogene, gehackte Mandeln	
125 g gewürfeltes Zitronat (Sukkade)	
125 g Weizenmehl	mit
50 g Speisestärke	
3 g (1 gestrichener Teel.) Backpulver	mischen, sieben
	alle Zutaten unter die Eiermasse rühren
	den Teig in eine gefettete, mit Papier ausgelegte Kastenform (30 x 11 cm) füllen
Strom:	175 – 200 (vorgeheizt)
Gas:	2 – 3 (nicht vorgeheizt)
Backzeit:	70 – 90 Minuten.

Rosenkuchen mit Quarkfüllung,
Rezept S. 175

Walnuß-Aprikosen-Konfekt

(Abb. S. 108)

125 g getrocknete Aprikosen	in sehr kleine Stücke schneiden, mit
3 Eßl. Aprikot Brandy	übergießen, zugedeckt etwa 2 Stunden stehenlassen
200 g Marzipan-Rohmasse	hinzufügen, mit einem elektrischen Handrührgerät mit Rührbesen gut verrühren
100 g gesiebten Puderzucker	unterkneten aus der Masse etwa 2 cm dicke Rollen formen, in etwa 1½ cm dicke Scheiben schneiden
100 g Kuvertüre	in einem kleinen Topf im Wasserbad bei schwacher Hitze zu einer geschmeidigen Masse verrühren jedes Marzipanstückchen hineintauchen, auf Pergamentpapier setzen, evtl. nochmals umsetzen, damit das Konfekt keine „Füßchen" bekommt, mit
100 g Walnußkern-hälften	garnieren das Konfekt möglichst in kleine Papiermanschetten setzen, gut verschlossen aufbewahren.

Schneetaler

300 g Weizenmehl	auf die Tischplatte sieben, in die Mitte eine Vertiefung eindrücken
100 g Zucker 1 Päckchen Vanillin-Zucker 100 g abgezogene, gemahlene Mandeln	hineingeben
275 g kalte Butter oder Margarine	in Stücke schneiden, auf die Mandeln geben, mit Mehl bedecken, von der Mitte aus alle Zutaten zu einem glatten Teig verkneten, ihn eine Zeitlang kalt stellen, den Teig in kleinen Portionen dünn ausrollen, mit einer runden Form (Durchmesser 4 – 5 cm) ausstechen, auf ein Backblech legen, in den vorgeheizten Backofen schieben
Strom:	175 – 200
Gas:	3 – 4
Backzeit:	8 – 10 Minuten
50 – 75 g gesiebten Puderzucker	mit
1 Päckchen Vanillin-Zucker	mischen, das erkaltete Gebäck damit bestäuben.

Haferflockenplätzchen

75 g Butter	zerlassen
125 g grobe Haferflocken	unter Rühren leicht darin bräunen 1 Eßl. von
75 g Zucker	kurz mitbräunen lassen, kalt stellen
1 Ei	schaumig schlagen, nach und nach den Rest des Zuckers,
3 – 5 Tropfen Backöl Bittermandel	hinzugeben, so lange schlagen, bis eine dicke, cremeartige Masse entstanden ist
50 g Weizenmehl	mit
3 g (1 gestrichener Teel.) Backpulver Backin	mischen, sieben, mit den erkalteten Haferflocken eßlöffelweise unterrühren von dem Teig mit 2 Teelöffeln walnußgroße Häufchen auf ein gefettetes Backblech setzen
Strom:	175 – 200
Gas:	5 Minuten vorheizen 3 – 4, backen 3 – 4
Backzeit:	12 – 15 Minuten.

Kokosplätzchen

Für den Teig

250 g Weizenmehl	mit
3 g (1 gestrichener Teel.) Backpulver	mischen, auf die Tischplatte sieben, in die Mitte eine Vertiefung eindrücken
75 g Zucker 1 Päckchen Vanillin-Zucker 2 Eigelb	hineingeben, mit einem Teil des Mehls zu einem dicken Brei verarbeiten
125 g kalte Margarine	in Stücke schneiden, auf den Brei geben, mit Mehl bedecken, alle Zutaten von der Mitte aus schnell zu einem glatten Teig verkneten, sollte er kleben, ihn eine Zeitlang kalt stellen den Teig dünn ausrollen, mit zwei verschieden großen Formen (Durchmesser etwa 4,5 cm und etwa 3 cm) ausstechen die größeren Plätzchen auf ein gefettetes Backblech legen

für den Belag

3 Eiweiß	zu steifem Schnee schlagen, er muß so fest sein, daß ein Messerschnitt sichtbar bleibt
100 g Zucker	eßlöffelweise darunter schlagen
175 g Kokosraspel 3 Tropfen Backöl Bittermandel	unterheben, die Kokosmasse in Häufchen auf die großen

	Teigplätzchen geben, jeweils ein kleines Teigplätzchen schräg daran legen
1 Eigelb	mit
1 Teel. Dosenmilch	verschlagen, die kleinen Teigplätzchen damit bestreichen, in den vorgeheizten Backofen schieben
Strom:	175 – 200
Gas:	3 – 4
Backzeit:	10 – 15 Minuten.

Tele-Happen

	Für den Teig
200 g Honig	mit
100 g Butter oder Margarine	
125 g Zucker	langsam erwärmen, zerlassen, erkalten lassen
2 Eier	
20 g Back-Kakao	
½ Teel. gemahlenen Zimt	
½ Teel. gemahlene Nelken	
1 gestrichenen Teel. Ingwerpulver	
2 Tropfen Backöl Bittermandel	mit der Honigmasse verrühren
375 g Weizenmehl	mit
1 Päckchen Backpulver Backin	mischen, sieben, eßlöffelweise unter den Teig rühren
60 g kandierten Ingwer	in kleine Stücke schneiden
50 g zartbittere Schokolade	fein hacken
50 g Korinthen	verlesen, alle Zutaten unterheben, den Teig etwa ½ cm dick auf ein gefettetes Backblech streichen, in den vorgeheizten Backofen schieben
Strom:	175 – 200
Gas:	3 – 4
Backzeit:	25 – 30 Minuten das erkaltete Gebäck in Streifen, Rechtecke oder Dreiecke schneiden

	für den Guß
200 g Puderzucker	sieben, mit
2 – 3 gestrichenen Eßl. Kakao	
3 – 4 Eßl. heißem Wasser	glattrühren, so daß eine dickflüssige Masse entsteht, die Happen damit bestreichen, nach Belieben garnieren.

111

Schokostäbchen

Für den Teig

1 Ei	
1 Eigelb	mit
125 g Zucker	
1 Päckchen Vanillin-Zucker	
Salz	
1 gestrichenen Teel. Instant-Kaffee-Pulver	schaumig schlagen
60 g zartbittere Schokolade	in kleine Stücke brechen, in einem kleinen Topf im Wasserbad bei schwacher Hitze glattrühren, unter die Eiermasse rühren
200 g gemahlene Mandeln	mit
1 Messerspitze Backpulver Backin	mischen, ⅔ davon unterrühren, den Rest unterkneten den Teig kalt stellen

für den Guß

1 Eiweiß	steif schlagen
60 g Puderzucker	sieben, eßlöffelweise unter den Schnee schlagen den Teig zu einem Rechteck (12 x 40 cm) ausrollen, die Teigplatte gleichmäßig mit dem Guß bestreichen, daraus Stäbchen (6 x 1 cm) schneiden, auf ein gefettetes Backblech legen, in den vorgeheizten Backofen schieben
Strom:	175 – 200
Gas:	3 – 4
Backzeit:	10 – 15 Minuten.

Nougatstangen

Für den Teig

225 g Butter	geschmeidig rühren, nach und nach
100 g gesiebten Puderzucker	
1 Päckchen Vanillin-Zucker	
3 Eigelb	
2 Messerspitzen gemahlenen Zimt	unterrühren
200 g Weizenmehl	mit
40 g Back-Kakao	
3 g (1 gestr. Teel.) Backpulver Backin	mischen, sieben, eßlöffelweise unterrühren

125 g gemahlene, geröstete Haselnußkerne unterheben
den Teig in einen Spritzbeutel mit gezackter Tülle füllen, etwa 4 cm lange Stangen auf ein gefettetes Backblech spritzen, in den vorgeheizten Backofen schieben

Strom: 175 – 200
Gas: 3 – 4
Backzeit: 7 – 10 Minuten

für die Füllung

etwa 100 g Nuß-Nougatmasse geschmeidig rühren
die Hälfte der erkalteten Plätzchen auf der Unterseite damit bestreichen, die übrigen darauf legen, gut andrücken

für den Guß

150 g zartbittere Schokolade in kleine Stücke brechen, mit
30 g Kokosfett in einem kleinen Topf im Wasserbad bei schwacher Hitze zu einer geschmeidigen Masse verrühren, die Stangenenden hineintauchen.

Vanille-Mürbchen

250 g Weizenmehl auf die Tischplatte sieben, in die Mitte eine Vertiefung eindrücken

2 Päckchen Vanillin-Zucker
5 Eßl. Crème fraîche hineingeben, mit einem Teil des Mehls zu einem dicken Brei verarbeiten

175 g kalte Butter oder Margarine in Stücke schneiden, auf den Brei geben, mit Mehl bedecken, von der Mitte aus alle Zutaten schnell zu einem glatten Teig verkneten, sollte er kleben, ihn eine Zeitlang kalt stellen
den Teig etwa ½ cm dick ausrollen, zunächst mit einer Form (Durchmesser etwa 6 cm) rund ausstechen, die Teigstücke in der Mitte dann so ausstechen (Durchmesser etwa 4 cm), daß Ringe und Plätzchen entstehen
diese auf der oberen Seite mit

Dosenmilch oder Sahne bestreichen, in
etwa 75 g abgezogene, gehackte Mandeln drücken, mit der unteren Seite auf ein Backblech legen, im vorgeheizten Backofen goldgelb backen

Strom: 200 – 225
Gas: 3 – 4
Backzeit: 10 – 15 Minuten.

113

Haselnußbrötchen

3 Eiweiß steif schlagen, es muß so fest sein, daß ein Messerschnitt
sichtbar bleibt, nach und nach

200 g Zucker unterschlagen, 3 – 4 Eßl. davon abnehmen, unter den
restlichen Eierschnee

**1 Messerspitze
gemahlenen Zimt
200 g gemahlene,
geröstete
Haselnußkerne** heben

die Masse in einen Spritzbeutel mit gezackter Tülle füllen, in
Form von Tuffs auf ein mit gut gefettetem Pergamentpapier
belegtes Backblech spritzen

den zurückgelassenen Eierschnee in den gesäuberten
Spritzbeutel mit Lochtülle füllen, etwas davon auf jeden Tuff
spritzen, von

**etwa 100 g
Haselnußkernen** je 1 Kern hineindrücken

Strom: 130 – 150 (vorgeheizt)

Gas: 1 – 2 (nicht vorgeheizt)

Backzeit: Etwa 25 Minuten

das Gebäck muß sich beim Herausnehmen aus dem
Backofen noch etwas weich anfühlen.

Pflastersteine

**250 g Honig
oder Sirup** mit

**100 g Zucker
50 g Butter,
Margarine oder
Schweineschmalz
1 Eßl. Wasser** langsam erwärmen, zerlassen, in eine Rührschüssel geben,
kalt stellen

unter die fast erkaltete Masse

**1 Ei
1 gestrichenen Teel.
gemahlenen Zimt
2 Tropfen
Backöl Bittermandel
3 Tropfen
Backöl Zitrone** rühren

500 g Weizenmehl mit

**12 g (4 gestrichene
Teel.)
Backpulver Backin** mischen, sieben, ⅔ davon eßlöffelweise unterrühren, den
Rest des Mehls mit

50 g abgezogenen, gehackten Mandeln oder 50 g verlesenen Korinthen 25 g gewürfeltem Orangeat oder Zitronat	unter den Teigbrei kneten, sollte der Teig kleben, noch etwas Mehl hinzugeben, daumendicke Rollen formen, diese in so große Stücke schneiden, daß sich daraus etwa kirschgroße Kugeln formen lassen, etwas flachdrücken, auf der Oberseite mit
Milch	bestreichen, in
Hagelzucker	drücken, auf ein gefettetes Backblech legen, in den vorgeheizten Backofen schieben
Strom:	175 – 200
Gas:	3 – 4
Backzeit:	10 – 20 Minuten die Pflastersteine nach dem Backen einige Tage an der Luft stehenlassen, damit sie weich werden.

Gewürz-Mürbchen

250 g Weizenmehl	auf die Tischplatte sieben, in die Mitte eine Vertiefung eindrücken
1 gut gehäuften Eßl. Zucker 1 Päckchen Vanillin-Zucker 1 Fläschchen Rum-Aroma 1 Messerspitze gemahlenen Zimt 1 Messerspitze gemahlene Nelken 2 Eßl. Sahne 1 Eiweiß	hineingeben, mit einem Teil des Mehls zu einem dicken Brei verarbeiten
150 g kalte Butter	in Stücke schneiden, auf den Brei geben, mit Mehl bedecken, alle Zutaten von der Mitte aus schnell zu einem glatten Teig verkneten den Teig knapp ½ cm dick ausrollen, mit beliebigen Formen Plätzchen ausstechen, auf ein Backblech legen
1 Eigelb 1 Eßl. Milch	verschlagen, die Teigplätzchen damit bestreichen, mit
Hagelzucker	bestreuen, im vorgeheizten Backofen goldgelb backen
Strom:	175 – 200
Gas:	3 – 4
Backzeit:	10 – 15 Minuten.

Wiener Kolatschen
(Abb. S. 118)

125 g Butter	geschmeidig rühren, nach und nach
100 g Zucker	
1 Päckchen Vanillin-Zucker	
1 Ei, 1 Eigelb	
2 Tropfen Backöl Zitrone	unterrühren
250 g Weizenmehl	mit
9 g (3 gestrichene Teel.) Backpulver	mischen, sieben, unterrühren von dem Teig walnußgroße Häufchen auf ein gefettetes, mit
Weizenmehl	bestäubtes Backblech setzen
1 Eiweiß	mit
1 Teel. Zucker	verschlagen, die Teighäufchen damit bestreichen
50 g Zitronat	in feine Würfel schneiden
70 g Korinthen	verlesen
50 g Mandeln	abziehen, hacken die Zutaten mischen, die Teighäufchen damit bestreuen, in den vorgeheizten Backofen schieben
Strom:	175 – 200, **Gas:** 3 – 4
Backzeit:	Etwa 15 Minuten.

Kokoshäufchen
(Abb. S. 118)

50 g Butter	geschmeidig rühren, nach und nach
125 g Zucker	
1 Päckchen Vanillin-Zucker	
1 Ei, ½ Fläschchen Rum-Aroma	
3 Tropfen Backöl Bittermandel	unterrühren
125 g Weizenmehl	mit
6 g (2 gestrichene Teel.) Backpulver	mischen, sieben, eßlöffelweise mit
etwa 1 Eßl. Milch	unterrühren
250 g Kokosraspel	zuletzt unter den Teig heben mit 2 Teelöffeln Teighäufchen auf ein gefettetes Backblech setzen, in den vorgeheizten Backofen schieben
Strom:	175 – 200, **Gas:** 3 – 4
Backzeit:	10 – 12 Minuten.

Nussige Kringel,
Rezept S. 173

Granatsplitter
(Abb. S. 118)

Für den Teig

150 g Weizenmehl	mit
3 g (1 gestrichener Teel.) Backpulver Backin	mischen, auf die Tischplatte sieben, in die Mitte eine Vertiefung eindrücken
50 g Zucker 1 Päckchen Vanillin-Zucker 1 Fläschchen Rum-Aroma 2 Eßl. Milch	hineingeben, mit einem Teil des Mehls zu einem dicken Brei verarbeiten
50 g kalte Butter oder Margarine	in Stücke schneiden, auf den Brei geben, mit Mehl bedecken, von der Mitte aus alle Zutaten schnell zu einem glatten Teig verkneten, sollte er kleben, ihn eine Zeitlang kalt stellen den Teig dünn ausrollen, mit einer runden Form (Durchmesser etwa 4 cm) etwa 45 Plätzchen ausstechen, den Teigrest zu Plätzchen ausrädern, alle Teigplätzchen auf ein gefettetes Backblech legen, in den vorgeheizten Backofen schieben
Strom:	175 – 200
Gas:	3 – 4
Backzeit:	Etwa 10 Minuten

für den Belag

125 g Kokosfett	zerlassen, abkühlen lassen
65 g Puderzucker 25 g Back-Kakao 1 Päckchen Vanillin-Zucker 1 Fläschchen Rum-Aroma	in eine Rührschüssel sieben
1 Ei	hinzufügen, nach und nach das Kokosfett unterrühren die ausgeräderten Plätzchen in kleine Stücke brechen, mit
75 g abgezogenen, gestiftelten Mandeln	unter die Kakaomasse rühren die Masse bergförmig auf die runden Plätzchen streichen
etwa 150 g Kuvertüre	in einem kleinen Topf im Wasserbad bei schwacher Hitze zu einer geschmeidigen Masse verrühren, die Granatsplitter mit der Oberseite eintauchen, kalt stellen, damit Belag und Guß fest werden.

Wiener Kolatschen, Rezept S. 116
Kokoshäufchen, Rezept S. 116
Punschherzen, Rezept S. 120

Punschherzen

(Abb. S. 118)

Für den Teig

150 g Weizenmehl	mit
3 g (1 gestrichener Teel.) Backpulver	mischen, auf die Tischplatte sieben, in die Mitte eine Vertiefung eindrücken
75 g Zucker 1 Päckchen Vanillin-Zucker 1 Ei 1 Eigelb	hineingeben, mit einem Teil des Mehls zu einem dicken Brei verarbeiten
75 g kalte Butter oder Margarine	in Stücke schneiden, auf den Brei geben
50 g abgezogene, gemahlene Mandeln	darüber streuen, mit Mehl bedecken von der Mitte aus alle Zutaten schnell zu einem glatten Teig verkneten, sollte er kleben, ihn eine Zeitlang kalt stellen den Teig dünn ausrollen, Herzen ausstechen, auf ein Backblech legen, in den vorgeheizten Backofen schieben
Strom:	175 – 200
Gas:	3 – 4
Backzeit:	Etwa 10 Minuten

für den Guß

125 g Puderzucker	sieben, mit
1 Eiweiß 5 Tropfen Backöl Zitrone einigen Tropfen Wasser oder Zitronensaft	zu einer dickflüssigen Masse verrühren die erkalteten Plätzchen mit dem Guß bestreichen, nach Belieben mit
Buntzucker	bestreuen.

Feine Gewürzplätzchen

Für den Teig

1 Packung Feingebäck-Backmischung Butter-Spritz-Gebäck 150 g kalter, in Stücke geschnittener Butter oder Margarine 1 Ei	mit

½ **Fläschchen**
Rum-Aroma
2 Teel. gemahlenem Zimt
½ **gestr. Teel. gemahle-**
nen Nelken
½ **gestr. Teel. gemahle-**
nem Kardamom
1 Messerspitze gemahle-
ner Muskatblüte
50 g abgezogenen, ge-
mahlenen Mandeln in eine Rührschüssel geben, mit einem elektrischen Handrührgerät mit Knethaken auf höchster Stufe in etwa 3 Minuten zu einer zusammenhängenden Masse verarbeiten, dann auf der Tischplatte mit den Händen schnell zu einem glatten Teig verkneten, sollte er kleben, ihn eine Zeitlang kalt stellen

zum Ausrollen
die Tischplatte dicht mit

abgezogenen, gehobelten
Mandeln bestreuen, den Teig dünn darauf ausrollen, mit beliebigen Formen (vor allem Tierformen) Plätzchen ausstechen, auf ein gefettetes Backblech legen, in den vorgeheizten Backofen schieben
werden Holzmodel benutzt, den Teig in den gut gemehlten Model drücken, den überstehenden Teig abschneiden, die Teigstücke aus dem Model schlagen

Strom: 175 – 200
Gas: 3 – 4
Backzeit: 10 – 15 Minuten.

Wespennester

3 Eiweiß steif schlagen, der Schnee muß so fest sein, daß ein Messerschnitt sichtbar bleibt
250 g Zucker mit
1 Päckchen
Vanillin-Zucker eßlöffelweise unterschlagen
125 g Zartbitter-
Schokolade reiben, mit
250 g abgezogenen,
gehackten Mandeln auf den Eierschnee geben, vorsichtig unterheben (nicht rühren)
von dem Teig mit 2 Teelöffeln Häufchen auf ein gefettetes Backblech oder auf kleine Oblaten (Durchmesser 3 – 4 cm) setzen
Strom: 130 – 150 (vorgeheizt)
Gas: 1 – 2 (nicht vorgeheizt)
Backzeit: Etwa 25 Minuten.

Ingwer-Schoko-Gebäck

Für den Teig

125 g Butter oder Margarine	geschmeidig rühren, nach und nach
200 g Zucker 1 Päckchen Vanillin-Zucker 2 Teel. gemahlenen Ingwer	
4 Eier	unterrühren
250 g Weizenmehl	mit
3 g (1 gestrichener Teel.) Backpulver Backin	mischen, sieben, mit
250 g geraspelter Schokolade	eßlöffelweise unterrühren
200 g verlesene Rosinen	kleinschneiden, zuletzt unterheben den Teig auf ein gefettetes Backblech streichen, in den vorgeheizten Backofen schieben
Strom:	175 – 200
Gas:	3 – 4
Backzeit:	20 – 25 Minuten das erkaltete Gebäck in Quadrate (4 × 4 cm) schneiden

für den Guß

150 g halbbittere Kuvertüre	in einem kleinen Topf im Wasserbad bei schwacher Hitze zu einer geschmeidigen Masse verrühren, das Gebäck damit bestreichen, nach Belieben mit
halbierten Belegkirschen	garnieren.

Friesenkeks

Für den hellen Teig

250 g Weizenmehl	mit
3 g (1 gestrichener Teel.) Backpulver Backin	mischen, auf die Tischplatte sieben, in die Mitte eine Vertiefung eindrücken
100 g Zucker 1 Päckchen Vanillin-Zucker 1 Fläschchen Rum-Aroma 2 Eßl. Wasser	hineingeben, mit einem Teil des Mehls zu einem dicken Brei verarbeiten

100 g kalte Butter	in Stücke schneiden, auf den Brei geben, mit Mehl bedecken, von der Mitte aus alle Zutaten schnell zu einem glatten Teig verkneten
oder	
	für den dunklen Teig
250 g Weizenmehl	mit
30 g Kakao	
3 g (1 gestrichener Teel.) Backpulver Backin	mischen, auf die Tischplatte sieben, in die Mitte eine Vertiefung eindrücken
100 g Zucker	
1 Päckchen Vanillin-Zucker	
1 Fläschchen Rum-Aroma	
3 Eßl. Wasser	hineingeben, mit einem Teil des Mehls zu einem dicken Brei verarbeiten
125 g kalte Butter	in Stücke schneiden, auf den Brei geben, mit Mehl bedecken, von der Mitte aus alle Zutaten schnell zu einem glatten Teig verkneten
	aus den Teigen je 2 – 3 etwa 3 cm dicke Rollen formen, in
grobem Zucker	wälzen, so lange kalt stellen, bis sie hart geworden sind, in ½ cm dicke Scheiben schneiden, die obere Seite in groben Zucker drücken, auf ein gefettetes Backblech legen, in den vorgeheizten Backofen schieben
Strom:	175 – 200
Gas:	3 – 4
Backzeit:	Etwa 10 Minuten.

Butterplätzchen

250 g Butter	zerlassen, kalt stellen
	in das erkaltete, wieder etwas festgewordene Fett nach und nach eßlöffelweise
175 g Zucker	
2 Päckchen Vanillin-Zucker	geben, so lange rühren, bis Butter und Zucker weißschaumig geworden sind, dann
300 g Weizenmehl	sieben, ⅔ davon eßlöffelweise unterrühren, wenn der Teig fester wird,
1 Eßl. Milch	hinzufügen
	den Rest des Mehls mit dem Teigbrei zu einem glatten Teig verkneten
	sollte der Teig kleben, ihn eine Zeitlang kalt stellen
	den Teig in kleinen Mengen dünn ausrollen, mit kleinen beliebigen Formen ausstechen, auf ein Backblech legen, in den vorgeheizten Backofen schieben
Strom:	175 – 200, **Gas:** 2 – 3
Backzeit:	Etwa 10 Minuten.

123

Mandelhörnchen

Für den Teig

200 g Marzipan-
Rohmasse
2 Eiweiß   mit einem elektrischen Handrührgerät mit Rührbesen zu einer geschmeidigen Masse verrühren, nach und nach

100 g Zucker
1 Päckchen
Vanillin-Zucker
50 g Weizenmehl   unterrühren
den Teig in einen Spritzbeutel mit glatter Tülle füllen, Hörnchen auf ein gefettetes, mit Mehl bestäubtes Backblech spritzen, mit

50 g abgezogenen,
gehobelten Mandeln   bestreuen, in den vorgeheizten Backofen schieben
Strom: 175 – 200
Gas: 3 – 4
Backzeit: 10 – 15 Minuten

zum Bestreichen

100 g dunkle
Kuchenglasur   nach der Vorschrift auf dem Beutel auflösen, die Enden der erkalteten Hörnchen damit bestreichen.

Kosakentaler

Für den Teig

300 g Weizenmehl   mit
1½ g (½ gestrichener
Teel.) Backpulver
Backin   mischen, auf die Tischplatte sieben, in die Mitte eine Vertiefung eindrücken

100 g Zucker
1 Päckchen
Vanillin-Zucker
3 Eßl. Milch   hineingeben, mit einem Teil des Mehls zu einem dicken Brei verarbeiten

150 g kalte Butter
oder Margarine   in Stücke schneiden, auf den Brei geben, mit Mehl bedecken, von der Mitte aus alle Zutaten schnell zu einem glatten Teig verkneten, sollte er kleben, ihn eine Zeitlang kalt stellen
den Teig dünn ausrollen, mit einer runden Form (Durchmesser etwa 4 cm) ausstechen, auf ein gefettetes Backblech legen, in den vorgeheizten Backofen schieben
Strom: 175 – 200
Gas: 3 – 4
Backzeit: 8 – 10 Minuten

für die Füllung

150 g Nuß-Nougatmasse in einem kleinen Topf im Wasserbad bei schwacher Hitze glattrühren
die Hälfte der erkalteten Plätzchen auf der Unterseite mit der Masse bestreichen, die übrigen mit der Unterseite darauf legen, gut andrücken, etwas herausgedrückte Masse am Rand verstreichen
die Plätzchen durch

50 g gemahlene Haselnußkerne rollen.

Datteltaler

Für den Teig

2 Eiweiß steif schlagen, der Schnee muß so fest sein, daß ein Messerschnitt sichtbar bleibt, nach und nach

125 g Zucker
1 Päckchen Vanillin-Zucker
½ Fläschchen Rum-Aroma
1 Messerspitze gemahlenen Zimt unterschlagen
50 g abgezogene, gemahlene Mandeln
50 g abgezogene, gehackte Mandeln
100 g entkernte, kleingeschnittene Datteln auf den Eierschnee geben
20 g Speisestärke darüber sieben, vorsichtig unter den Eierschnee heben (nicht rühren),
jeweils knapp 1 cm dick auf die Hälfte von

100 Oblaten (Durchmesser 4 cm) streichen, mit einer zweiten Oblate bedecken, auf ein Backblech legen
Strom: 125 – 150 (vorgeheizt)
Gas: 1 – 2 (nicht vorgeheizt)
Backzeit: Etwa 20 Minuten
das Gebäck vollständig erkalten lassen

für den Guß

etwas Kuvertüre oder Zartbitter-Schokolade in einem kleinen Topf im Wasserbad bei schwacher Hitze glattrühren, die Datteltaler etwas schräg von zwei Seiten oder zur Hälfte hineintauchen.

125

Marzipankonfekt

200 g Marzipan-
Rohmasse
100 g gesiebter
Puderzucker
1 Eßl. Kirschwasser

Puderzucker   die Zutaten zu einer einheitlichen Masse verkneten, in mit
ausgestäubte Pralinenförmchen drücken oder Motive daraus
formen
das Konfekt vorsichtig mit einem Holzstäbchen aus den
Förmchen lösen

für den Guß

Puderzucker   sieben, mit so viel
Eiweiß oder Wasser   verrühren, daß eine dickflüssige Masse entsteht
das Konfekt damit überziehen
Puderzucker   sieben, mit
Eiweiß   glattrühren, mit
Farbenfreude
(Back- und Speisefarbe)   färben, das Konfekt damit verzieren.

Orangenmakronen

3 Eiweiß   mit
200 g Zucker
1 Päckchen
Vanillin-Zucker   in eine Schüssel geben, über Wasserdampf mit einem
Schneebesen so lange schlagen, bis eine steife Masse
entstanden ist

abgeriebene Schale
von 1 Apfelsine
(unbehandelt)
3 Eßl. Apfelsinensaft   hinzufügen, weiterschlagen, die Masse muß so fest sein, daß
ein Messerschnitt sichtbar bleibt
die Schüssel aus dem Wasserdampf nehmen

200 g abgezogene,
gehobelte Mandeln
50 g Semmelmehl   vorsichtig unter den Eierschnee heben (nicht rühren)
den Teig mit 2 Teelöffeln in Häufchen auf ein gefettetes
Backblech setzen
Strom: 130 – 150 (vorgeheizt)
Gas: 1 – 2 (nicht vorgeheizt)
Backzeit: Etwa 30 Minuten.

*Zarter Baumkuchen,
Rezept S. 174*

Tannenbäumchen

	Für den Teig
100 g Honig	mit
50 g Zucker	
Salz	
25 g Margarine	
1 Eßl. Wasser	langsam erwärmen, zerlassen, in eine Rührschüssel geben, kalt stellen, unter die fast erkaltete Masse
1 Ei	
½ Teel. gemahlenen Zimt	
2 Tropfen Backöl Bittermandel	rühren
250 g Weizenmehl	mit
25 g Kakao	
9 g (3 gestrichene Teel.) Backpulver	mischen, sieben, nach und nach eßlöffelweise ⅔ davon unterrühren, den Rest des Mehls darunter kneten, sollte der Teig kleben, noch
Weizenmehl	hinzufügen
	den Teig auf einem gefetteten Backblech (32 x 40 cm) ausrollen, in den vorgeheizten Backofen schieben
Strom:	175 – 200, **Gas:** 3 – 4
Backzeit:	Etwa 10 Minuten
	sofort nach dem Backen aus der Teigplatte mit einem spitzen Messer Sterne verschiedener Größe (nach Papier- schablonen) und pfenniggroße Stücke ausschneiden, diese mit Hilfe langer, runder Holzstäbchen abwechselnd so aufspießen, daß Tannenbäumchen entstehen, mit Puderzuckerguß verzieren.

Mandelplätzchen

	Für den Teig
150 g Weizenmehl	auf die Tischplatte sieben, in die Mitte eine Vertiefung eindrücken
65 g Zucker, Salz	
1 Päck. Vanillin-Zucker	
abgeriebene Schale von ½ Zitrone (unbehandelt)	hineingeben
150 g kalte Butter	in Stücke schneiden, mit

Schwarz-Weiß-Gebäck,
Rezept S. 190

Fortsetzung Seite 130

129

75 g abgezogenen, gemahlenen Mandeln	auf die Zutaten geben, mit Mehl bedecken, von der Mitte aus alle Zutaten schnell zu einem glatten Teig verkneten, sollte er kleben, ihn eine Zeitlang kalt stellen
	den Teig dünn ausrollen, mit einer runden Form (Durchmesser etwa 4 cm) Plätzchen ausstechen, auf ein Backblech legen, in den vorgeheizten Backofen schieben
Strom:	175 – 200, **Gas:** 3 – 4
Backzeit:	Etwa 6 Minuten
	die Hälfte der erkalteten Plätzchen auf der Unterseite mit
Johannisbeergelee	bestreichen, die übrigen mit der Unterseite darauf legen, gut andrücken
	für den Guß
100 g Schokolade	in kleine Stücke brechen, mit
etwas Kokosfett	in einem kleinen Topf im Wasserbad bei schwacher Hitze zu einer geschmeidigen Masse verrühren
	die Plätzchen jeweils zur Hälfte hineintauchen, mit
abgezogenen, halbierten Mandeln	garnieren.

Zedernbrot

	Für den Teig
3 Eiweiß	steif schlagen, es muß so fest sein, daß ein Messerschnitt sichtbar bleibt
375 g Puderzucker	mit
1 Päck. Vanillin-Zucker	mischen, sieben, eßlöffelweise unterschlagen
2 Tropfen Backöl Bittermandel	
1 Eßl. Zitronensaft	
abgeriebene Schale von ½ Zitrone (unbehandelt)	und gut die Hälfte von
etwa 375 g abgezogenen, gemahlenen Mandeln	hinzufügen, unterrühren
	von dem Rest der gemahlenen Mandeln so viel darunter kneten, daß der Teig kaum noch klebt, ihn auf einer mit
Puderzucker	bestreuten Tischplatte gut ½ cm dick ausrollen, Halbmonde ausstechen, auf ein mit Pergamentpapier belegtes Backblech legen
Strom:	130 – 150 (vorgeheizt)
Gas:	1 – 2 (nicht vorgeheizt)
Backzeit:	30 – 45 Minuten
	für den Guß
150 g Puderzucker	sieben, mit
4 Eßl. Zitronensaft	glattrühren, so daß eine dickflüssige Masse entsteht
	die erkalteten Plätzchen mit dem Guß bestreichen.

Klassisches und traditionelles Gebäck

Biskuitrolle

Für den Teig

3 Eigelb	mit
5 – 6 Eßl. warmem Wasser	schaumig schlagen, nach und nach ⅔ von
150 g Zucker	mit
1 Päckchen Vanillin-Zucker	hinzugeben, so lange schlagen, bis eine cremeartige Masse entstanden ist
3 Eiweiß	steif schlagen, nach und nach den Rest des Zuckers unterschlagen, den Schnee auf die Eigelbcreme geben
100 g Weizenmehl	mit
50 g Speisestärke 3 g (1 gestrichener Teel.) Backpulver	mischen, darüber sieben, unter die Eigelbcreme ziehen (nicht rühren), den Teig etwa 1 cm dick auf ein gefettetes, mit Pergamentpapier belegtes Backblech streichen, an der offenen Seite des Blechs das Papier unmittelbar vor dem Teig zur Falte knicken, so daß ein Rand entsteht, sofort in den vorgeheizten Backofen schieben
Strom:	200 – 225
Gas:	3 – 4
Backzeit:	10 – 15 Minuten
	den Biskuit nach dem Backen sofort auf ein mit Zucker bestreutes Papier stürzen, das Pergamentpapier mit kaltem Wasser bestreichen, vorsichtig, aber schnell abziehen den Biskuit sofort gleichmäßig mit
250 – 375 g Konfitüre	bestreichen, von der kürzeren Seite her aufrollen, die Rolle mit
Puderzucker	bestäuben.

Makronenkuchen

Für den Teig

200 g Butter oder Margarine	geschmeidig rühren, nach und nach
175 g Zucker 1 Päckchen Vanillin-Zucker 2 Eier 2 Eigelb Salz	unterrühren
200 g Weizenmehl	mit
50 g Speisestärke 3 g (1 gestrichener Teel.) Backpulver Backin	mischen, sieben, eßlöffelweise unterrühren den Teig in eine gefettete, mit Pergamentpapier ausgelegte

Kastenform (30 × 11 cm) füllen, in der Mitte des Teiges der Länge nach mit einem Löffel eine Vertiefung, etwa 4 cm tief und 4 cm breit, eindrücken

für die Füllung

2 Eiweiß steif schlagen, es muß so fest sein, daß ein Messerschnitt sichtbar bleibt, nach und nach

100 g Zucker
3 Tropfen Backöl
Bittermandel unterschlagen
175 g gemahlene
Mandeln (nicht
abgezogen) vorsichtig unter den Eierschnee heben
die Masse in die Teigvertiefung füllen
Strom: 150 – 185 (vorgeheizt)
Gas: 2 – 3 (nicht vorgeheizt)
Backzeit: 60 – 80 Minuten.

Rehrücken
(Abb. S. 157)

Für den Teig

100 g Butter geschmeidig rühren, nach und nach
150 g Zucker
4 Eier unterrühren
100 g Schokolade reiben, hinzufügen
50 g Weizenmehl mit
2 Päckchen Schokoladen-
Pudding-Pulver
4½ g (1½ gestrichene
Teel.) Backpulver mischen, sieben, eßlöffelweise unterrühren
evtl. 2 Eßl. Milch dazugeben (nur so viel Milch verwenden, daß der Teig schwer – reißend – vom Löffel fällt)

75 g abgezogene,
gemahlene Mandeln
oder Haselnußkerne zuletzt unter den Teig heben, ihn in eine gefettete Rehrückenform füllen
Strom: 175 – 200 (vorgeheizt)
Gas: 2 – 3 (nicht vorgeheizt)
Backzeit: 50 – 60 Minuten

für den Guß

125 g Puderzucker mit
30 g Kakao mischen, sieben, mit
etwa 1½ Eßl.
heißem Wasser glattrühren, so daß eine dickflüssige Masse entsteht
25 g Kokosfett zerlassen, unterrühren, den erkalteten Kuchen damit bestreichen, mit
40 g Mandelsplittern spicken.

Sandkuchen

(Abb. S. 137)

	Für den Teig
250 g Butter	zerlassen, kalt stellen
	in das wieder etwas festgewordene Fett
200 g Zucker	
1 Päckchen Vanillin-	
Zucker	geben, so lange rühren, bis Fett und Zucker weißschaumig
	geworden sind, dann nach und nach
4 Eier, Salz	
einige Tropfen	
Backöl Zitrone	hinzugeben (jedes Ei etwa 2 Minuten unterrühren)
125 g Weizenmehl	mit
125 g Speisestärke	
1½ g (½ gestrichener	
Teel.) Backpulver	mischen, sieben, eßlöffelweise unterrühren
	den Teig in eine gefettete, mit Pergamentpapier ausgelegte
	Kastenform (30 × 11 cm) füllen
Strom:	165 – 185 (vorgeheizt)
Gas:	2 – 3 (nicht vorgeheizt)
Backzeit:	65 – 75 Minuten
	für den Guß
100 g Schokolade	in kleine Stücke brechen, mit
etwas Kokosfett	in einem kleinen Topf im Wasserbad bei schwacher Hitze zu
	einer geschmeidigen Masse verrühren, den erkalteten
	Kuchen damit überziehen.

Mandelbrot

	Für den Teig
125 g Speisequark	mit
2 Eßl. Milch	
1 Ei	
Salz	
5 Eßl. Speiseöl	
60 g Zucker	
1 Päckchen	
Vanillin-Zucker	verrühren
300 g Weizenmehl	mit
1 Päckchen	
Backpulver Backin	mischen, sieben, die Hälfte davon unterrühren, den Rest des
	Mehls unterkneten
	für die Füllung
175 g abgezogene,	
gemahlene Mandeln	durch die Mandelmühle geben, mit

100 g gesiebtem Puderzucker 1 Teel. Rosenwasser 2 Tropfen	vermengen, noch zweimal durch die Mühle geben
Backöl Bittermandel	unterrühren, die Masse mit den Händen so verarbeiten, daß sie krümelt, sollten die Krümel kleben, sie eine Zeitlang kalt stellen
	den Teig zu einem Rechteck von etwa 30 x 50 cm ausrollen (die kurze Rechteckseite muß der Länge der Kastenform entsprechen), dünn mit
Dosenmilch 50 g gehackten	bestreichen, mit der Mandelmasse,
Haselnußkernen	bestreuen, alles etwas andrücken
	den Teig von der kürzeren Seite her aufrollen, in die gefettete Kastenform (30 x 11 cm) füllen, die Rolle in einer Zickzacklinie etwa ½ cm tief einschneiden
Strom:	175 – 200 (vorgeheizt)
Gas:	2 – 3 (nicht vorgeheizt)
Backzeit:	Etwa 45 Minuten.

Rodonkuchen

	Für den Teig
200 g Butter	geschmeidig rühren, nach und nach
200 g Zucker 1 Päckchen Vanillin-Zucker 4 Eier	
Salz	unterrühren
500 g Weizenmehl 1 Päckchen	mit
Backpulver Backin	mischen, sieben, abwechselnd mit
gut 125 ml (⅛ l) Milch	unterrühren (nur so viel Milch verwenden, daß der Teig schwer – reißend – vom Löffel fällt)
150 g Korinthen 150 g Rosinen	
	beide Zutaten verlesen, unter den Teig heben, ihn in eine gefettete Napfkuchenform (Durchmesser 22 cm) füllen
Strom:	175 – 200 (vorgeheizt)
Gas:	2 – 3 (nicht vorgeheizt)
Backzeit:	50 – 60 Minuten

	für den Guß
200 g Puderzucker	mit
30 g Kakao etwa 3 Eßl. heißem	mischen, sieben, mit
Wasser	glattrühren, so daß eine dickflüssige Masse entsteht
25 g Kokosfett	zerlassen, unterrühren, den erkalteten Kuchen damit bestreichen.

135

Florentiner Törtchen

16 – 18 Stück

	Für den Teig
150 g Weizenmehl	auf die Tischplatte sieben, in die Mitte eine Vertiefung eindrücken
50 g Zucker	
1 Päckchen Vanillin-Zucker	
1 Ei	hineingeben, mit einem Teil des Mehls zu einem dicken Brei verarbeiten
75 g kalte Butter	in Stücke schneiden, auf den Brei geben, mit Mehl bedecken, von der Mitte aus alle Zutaten schnell zu einem glatten Teig verkneten, sollte er kleben, ihn eine Zeitlang kalt stellen
	den Teig etwa 3 mm dick ausrollen, runde Plätzchen (Durchmesser etwa 8 cm) ausstechen, auf ein gefettetes Backblech legen, im vorgeheizten Backofen hellgelb vorbacken
Strom:	200 – 225, **Gas:** 3 – 4
Backzeit:	5 – 7 Minuten
	für den Belag
50 g Butter	mit
100 g Zucker	
1 Päckchen Vanillin-Zucker	
2 Eßl. Honig	so lange erhitzen, bis die Masse leicht gebräunt ist
125 ml (⅛ l) Sahne	hinzufügen, rühren, bis der Zucker gelöst ist
100 g abgezogene, gehobelte Mandeln	
100 g in Scheiben geschnittene Haselnußkerne	
25 g in Stücke geschnittene Belegkirschen	dazugeben, so lange unter Rühren kochen lassen, bis die Masse gebunden ist
5 Tropfen Rum-Aroma	unterrühren
	die Masse mit 2 Teelöffeln auf die vorgebackenen Plätzchen verteilen, in den vorgeheizten Backofen schieben
Strom:	200 – 225, **Gas:** 3 – 4
Backzeit:	10 – 12 Minuten
	für den Guß
75 g dunkle Kuvertüre	in einem kleinen Topf im Wasserbad bei schwacher Hitze zu einer geschmeidigen Masse verrühren, die erkalteten Törtchen auf der Unterseite damit bestreichen.

Sandkuchen,
Rezept S. 134

Elisenlebkuchen

Für den Teig

2 Eier	schaumig schlagen, nach und nach
200 g Farinzucker oder Zucker 1 Päckchen Vanillin-Zucker	hinzugeben, so lange schlagen, bis eine cremeartige Masse entstanden ist
1 Messerspitze gemahlene Nelken ½ Fläschchen Rum-Aroma 1 – 2 Tropfen Backöl Zitrone 75 g feingewürfeltes Orangeat oder Zitronat (Sukkade) 125 g gemahlene Mandeln 1 Messerspitze Backpulver Backin	unterrühren, von
75 – 125 g gemahlenen Haselnußkernen*	nur so viel unterrühren, daß der Teig noch streichfähig ist auf jede Oblate von
etwa 40 Oblaten (Durchmesser etwa 6 cm)	einen gehäuften Teel. des Teiges geben, mit einem in Wasser getauchten Messer bergartig auf die Oblate streichen, auf ein Backblech legen, in den vorgeheizten Backofen schieben
Strom:	130 – 150
Gas:	1 – 2
Backzeit:	25 – 30 Minuten

für den hellen Guß

150 g gesiebtem Puderzucker	mit
1 – 2 Eßl. heißem Wasser oder Zitronensaft	zu einer streichfähigen Masse verrühren

für den dunklen Guß

75 g Schokolade	in kleine Stücke brechen, mit
10 g Kokosfett	in einem kleinen Topf im Wasserbad bei schwacher Hitze zu einer geschmeidigen Masse verrühren die Hälfte der Lebkuchen gleich nach dem Backen mit hellem, den Rest mit dunklem Guß bestreichen.

* die erforderliche Menge Haselnußkerne hängt von der Größe der Eier ab.

Butter- oder Zuckerkuchen, Rezept S. 144

Festtagsherz

Für den Teig

75 g Butter oder Margarine	geschmeidig rühren, nach und nach
100 g Zucker	
1 Päckchen Vanillin-Zucker	
2 Eier	
Salz	unterrühren
125 g Weizenmehl	mit
30 g (3 gestrichene Eßl.) Speisestärke	
3 g (1 gestr. Teel.) Backpulver Backin	mischen, sieben, eßlöffelweise unterrühren den Teig in eine gefettete Herzform (z. B. Dekoramik) füllen
Strom:	175 – 200 (vorgeheizt)
Gas:	3 – 4 (nicht vorgeheizt)
Backzeit:	Etwa 30 Minuten das Gebäck aus der Form stürzen, erkalten lassen, zweimal durchschneiden

für den Guß

100 g Schokolade	in kleine Stücke brechen, mit
etwas Kokosfett	in einem kleinen Topf im Wasserbad bei schwacher Hitze zu einer geschmeidigen Masse verrühren, den oberen Boden damit bestreichen
50 g Marzipan-Rohmasse	mit
30 g gesiebtem Puderzucker	verkneten, ausrollen, in der Größe des Herzens ausschneiden den mittleren Herzboden mit
1 Eßl. Johannisbeer-Konfitüre	bestreichen, die Marzipanplatte darauf legen, etwas andrücken

für die Füllung aus

1 Päckchen Vanille-Dessert	
375 ml (⅜ l) kalter Milch	eine Creme nach Vorschrift zubereiten
150 g Butter oder Margarine	geschmeidig rühren, die Creme nach und nach eßlöffelweise unterrühren, 2 Eßl. von der Creme in einen Spritzbeutel mit gezackter Tülle füllen den unteren Boden mit gut ⅓ der Creme bestreichen, den mittleren darauf legen, ebenfalls bestreichen, mit der restlichen Creme den Herz-Rand bestreichen, den mit Guß bestrichenen Boden auf den mittleren Boden legen den hellen Herz-Rand mit

geraspelter Schokolade	bestreuen
	die Herzoberfläche mit der Creme aus dem Spritzbeutel
	verzieren, mit geraspelter Schokolade,
Zuckerblumen	garnieren.

Gundula-Kranz

	Für den Teig
200 g Speisequark	mit
6 EßI. Milch	
1 Ei	
8 EßI. (125 ml) Speiseöl	
100 g Zucker	
1 Päckchen	
Vanillin-Zucker	
Salz	verrühren
400 g Weizenmehl	mit
1 Päckchen und 6 g	
(2 gestrichene Teel.)	
Backpulver Backin	mischen, sieben, die Hälfte davon unterrühren, den Rest des Mehls unterkneten, den Teig (sollte er etwas weich sein, noch bis 50 g Mehl unterkneten) zu einem Rechteck von etwa 50 x 55 cm ausrollen, mit
50 g weicher Butter	bestreichen, in der Mitte der Länge nach durchschneiden
	für die Füllung
150 g Rosinen	verlesen, mit
100 g gewürfeltem	
Zitronat (Sukkade)	
100 g abgezogenen,	
gehackten Mandeln	
50 g Zucker	
1 Päckchen	
Vanillin-Zucker	
1 gestrichenen Teel.	
gemahlenem Zimt	
1 Fläschchen	
Rum-Aroma	
3 Tropfen	
Backöl Bittermandel	mischen, so auf die Teigstücke streuen, daß an der durchgeschnittenen Seite je 2 cm frei bleiben
	jede Teighälfte von der längeren Seite her von außen nach innen aufrollen, die beiden Rollen umeinanderschlingen, als Kranz auf ein gefettetes Backblech legen, mit
Dosenmilch	bestreichen, die aufliegenden Rollen etwa 1 cm tief einschneiden
Strom:	175 – 200 (vorgeheizt)
Gas:	5 Minuten vorheizen 3 – 4, backen 3 – 4
Backzeit:	Etwa 30 Minuten.

141

Kaiserkuchen

Für den Knetteig

250 g Weizenmehl	mit
3 g (1 gestrichener Teel.) Backpulver Backin	mischen, auf die Tischplatte sieben, in die Mitte eine Vertiefung eindrücken
75 g Zucker 1 Päckchen Vanillin-Zucker 2 Eßl. Milch oder Wasser	hineingeben, mit einem Teil des Mehls zu einem dicken Brei verarbeiten
125 g kalte Butter oder Margarine	in Stücke schneiden, auf den Brei geben, mit Mehl bedecken, von der Mitte aus alle Zutaten schnell zu einem glatten Teig verkneten, sollte er kleben, ihn eine Zeitlang kalt stellen gut ⅓ des Teiges auf dem Boden einer gefetteten Springform (Durchmesser etwa 28 cm) ausrollen, aus gut der Hälfte des restlichen Teiges eine Platte in der Größe der Springform ausrollen, daraus 16 – 20 gleichmäßig breite Streifen rädern, aus dem Rest des Teiges eine Rolle formen, sie als Rand auf den Boden legen, so an die Form drücken, daß ein gut 3 cm hoher Rand entsteht

für den Biskuitteig

6 Eigelb	etwas anschlagen, nach und nach ⅔ von
200 g Zucker 1 Päckchen Vanillin-Zucker	mit hinzugeben, so lange schlagen, bis eine cremeartige Masse entstanden ist
1 Fläschchen Arrak- oder Rum-Aroma	unterrühren
6 Eiweiß	steif schlagen, nach und nach den Rest des Zuckers unterschlagen, den Schnee auf die Eigelbcreme geben
250 g Weizenmehl	mit
3 g (1 gestrichener Teel.) Backpulver Backin	mischen, darüber sieben
100 g abgezogene, gehackte Mandeln 150 – 200 g verlesene Rosinen 100 g gewürfeltes Zitronat (Sukkade)	darauf streuen, alles unter die Eigelbcreme ziehen (nicht rühren), dabei nach und nach
125 g zerlassene, abgekühlte Butter	dazugeben, in die mit Knetteig ausgelegte Springform füllen, glattstreichen, die Teigstreifen gitterförmig darauf legen
Strom:	175 – 200 (vorgeheizt)
Gas:	2 – 3 (nicht vorgeheizt)
Backzeit:	65 – 80 Minuten.

Schichtkuchen, gegrillt

Für den Teig

250 g Butter oder Margarine	geschmeidig rühren, nach und nach
250 g Zucker	
1 Päckchen Vanillin-Zucker	
2 Eier	
4 Eigelb	
1 – 2 Eßl. Rum	unterrühren
150 g Weizenmehl	mit
100 g Speisestärke	
9 g (3 gestrichene Teel.) Backpulver	
Backin	mischen, sieben, eßlöffelweise unterrühren
4 Eiweiß	steif schlagen, zuletzt unter den Teig heben

den gefetteten Boden einer Kastenform (30 x 11 cm) mit Pergamentpapier auslegen, 1 gut gehäuften Eßl. Teig gleichmäßig mit einem Pinsel darauf streichen die Form auf dem Rost in den Backofen schieben (Abstand zwischen Grill und Teigschicht etwa 20 cm) die Teigschicht unter dem vorgeheizten Grill hellbraun backen

Grillzeit	
Strom:	Etwa 2 Minuten
Gas:	Etwa 2 Minuten

als zweite Schicht wieder 1 – 2 Eßl. Teig auf die gebackene Schicht streichen, die Form wieder unter den Grill schieben auf diese Weise den ganzen Teig verarbeiten (die Einschubhöhe nach Möglichkeit so verändern, daß der Abstand von etwa 20 cm zwischen Grill und Teigschicht bestehen bleibt) den fertigen Kuchen mit einem Messer vorsichtig vom Rand der Form lösen, auf ein Backblech stürzen, das Papier abziehen, sofort noch etwa 5 Minuten in den heißen Backofen schieben den Schichtkuchen erkalten lassen, die Seiten etwas glattschneiden

für den Guß

100 g Schokolade	in kleine Stücke brechen, mit
25 g Kokosfett	in einem kleinen Topf im Wasserbad bei schwacher Hitze zu einer geschmeidigen Masse verrühren, den Kuchen damit überziehen.
Tip:	Für Kleingebäck den Schichtkuchen nach dem Erkalten längs halbieren, von allen Seiten mit Schokoladenguß bestreichen, vor dem Servieren in dünne Scheiben schneiden.

Schichtkuchen mit Schokoladenglasur kann 3 – 4 Wochen aufbewahrt werden. Dazu das Gebäck in Alufolie wickeln, kühl und trocken lagern.

Butter- oder Zuckerkuchen

(Abb. S. 138)

	Für den Teig
150 g Speisequark	mit
6 Eßl. Milch	
Salz, 6 Eßl. Speiseöl	
75 g Zucker	
1 Päckchen Vanillin-Zucker	verrühren
300 g Weizenmehl	mit
1 Päckchen Backpulver Backin	mischen, sieben, die Hälfte unterrühren, den Rest unterkneten
75 g Rosinen	verlesen, unter den Teig kneten, ihn auf einem gefetteten Backblech ausrollen
	für den Belag
100 – 125 g Butter	in Flöckchen gleichmäßig auf den Teig legen oder zerlassen darauf streichen
75 g Zucker	mit
1 Päckchen Vanillin-Zucker	mischen, darüber streuen
50 g abgezogene, gehobelte Mandeln	gleichmäßig darüber verteilen, einen mehrfach umgeknickten Streifen Alufolie vor den Teig legen
Strom:	175 – 200 (vorgeheizt)
Gas:	5 Minuten vorheizen 3 – 4, backen 3 – 4
Backzeit:	Etwa 20 Minuten.

Berliner

500 g Weizenmehl	in eine Schüssel sieben, mit
1 Päckchen Trocken-Hefe	sorgfältig vermischen
30 g Zucker	
1 Päckchen Vanillin-Zucker	
3 Tropfen Backöl Bittermandel	
1 gestr. Teel. Salz	
100 g zerlassene, lauwarme Butter	
2 Eier, 1 Eigelb	
125 ml (⅛ l) lauwarme Milch	hinzufügen, alles mit einem elektrischen Handrührgerät mit Knethaken zuerst auf der niedrigsten, dann auf der höchsten Stufe in etwa 5 Minuten zu einem Teig verarbeiten, sollte er

144

kleben, noch etwas Mehl hinzufügen (aber nicht zu viel, Teig muß weich bleiben)
den Teig an einem warmen Ort so lange stehenlassen, bis er etwa doppelt so hoch ist, ihn dann auf der höchsten Stufe nochmals gut durchkneten
den Teig etwa ½ cm dick ausrollen, auf der einen Teighälfte mit einem Metallring (Durchmesser 5 – 7 cm) Kreise leicht andeuten, den Rand dieser Kreise dünn mit

Eiweiß
Konfitüre bestreichen, in die Mitte
legen, die leere Teighälfte darüber klappen, den Teig ausstechen, die Teigränder gut zusammendrücken
die Teigbällchen auf ein mit

Weizenmehl bestäubtes Backbrett legen, nochmals an einem warmen Ort so lange stehenlassen, bis sie etwa doppelt so hoch sind
die Bällchen schwimmend in siedendem

Ausbackfett auf beiden Seiten backen, mit einem Schaumlöffel herausnehmen, auf einem Kuchenrost abtropfen lassen, in

Zucker wälzen.

Festtagskranz

Für den Teig

250 g Butter
oder Margarine geschmeidig rühren, nach und nach
250 g Zucker
5 Eier
Salz
3 Tropfen
Backöl Bittermandel
4 Tropfen
Backöl Zitrone hinzugeben
300 g Weizenmehl mit
50 g Speisestärke
9 g (3 gestrichene Teel.)
Backpulver Backin mischen, sieben, eßlöffelweise unterrühren
200 g abgezogene,
gemahlene Mandeln zuletzt unter den Teig heben, in die gefettete Zopf-Kranzform füllen
Strom: 175 – 200 (vorgeheizt)
Gas: 2 – 3 (nicht vorgeheizt)
Backzeit: 50 – 60 Minuten

zum Verzieren nach Belieben
gesiebten Puderzucker mit so viel
Eiweiß verrühren, bis ein spritzfähiger Guß entstanden ist, die Masse in ein Pergamentpapiertütchen füllen, von der Tüte eine Spitze abschneiden, den erkalteten Kuchen damit verzieren, mit
Liebesperlen garnieren.

Königskuchen
(Abb. S. 147)

250 Butter	geschmeidig rühren, nach und nach
200 g Zucker	
1 Päckchen	
Vanillin-Zucker	
5 Eier	
Salz	
1 Fläschchen	
Rum-Aroma	unterrühren
500 g Weizenmehl	mit
12 g (4 gestrichene Teel.)	
Backpulver Backin	mischen, sieben, abwechselnd mit
knapp 125 ml (⅛ l) Milch	unterrühren (nur so viel Milch verwenden, daß der Teig schwer – reißend – vom Löffel fällt)
150 g Korinthen	
250 g Rosinen	verlesen
125 g gewürfeltes Zitronat (Sukkade)	
	die Zutaten zuletzt unter den Teig heben, ihn in eine gefettete, mit Pergamentpapier ausgelegte Kastenform (35 × 11 cm) füllen
Strom:	Etwa 175 (vorgeheizt), **Gas:** 2 – 3 (nicht vorgeheizt)
Backzeit:	80 – 100 Minuten.

Zimtkuchen

250 g Butter oder Margarine	geschmeidig rühren, nach und nach
250 g Zucker	
1 Päckchen	
Vanillin-Zucker	
4 Eier	
4 Tropfen	
Backöl Zitrone	
1 gehäuften Teel.	
gemahlenen Zimt	unterrühren
250 Weizenmehl	mit
9 g (3 gestrichene Teel.)	
Backpulver Backin	mischen, sieben, eßlöffelweise unterrühren
125 g verlesene Korinthen	
125 g verlesene Rosinen	
125 g gemahlene Mandeln	unter den Teig heben, ihn in eine gefettete Napfkuchenform (Durchmesser 22 cm) füllen
Strom:	165 – 175 (vorgeheizt), **Gas:** 2 – 3 (nicht vorgeheizt)
Backzeit:	70 – 80 Minuten.

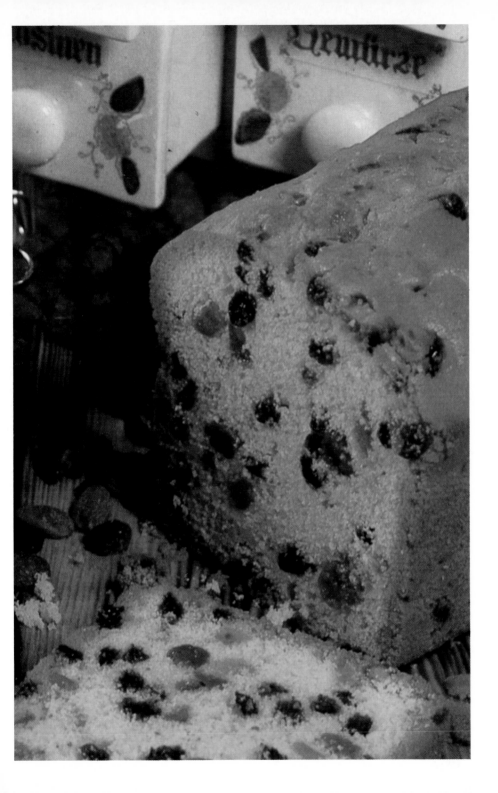

Apfelsinenkuchen
(Abb. S. 148)

Für den Teig

375 g Margarine	geschmeidig rühren, nach und nach
300 g Zucker	
2 Päckchen Vanillin-Zucker	
6 Eier	
abgeriebene Schale von 1 großen Apfelsine (unbehandelt)	
1 Eßl. Apfelsinensaft	unterrühren
250 g Weizenmehl	mit
125 g Speisestärke	
6 g (2 gestrichene Teel.) Backpulver Backin	mischen, sieben, unterrühren, zuletzt
75 g abgezogene, gemahlene Mandeln	unterheben, den Teig in eine gefettete Napfkuchenform (Durchmesser 22 cm) füllen
Strom:	150 – 175 (vorgeheizt), **Gas:** 2 – 3 (nicht vorgeheizt)
Backzeit:	75 – 85 Minuten

für den Guß

200 g gesiebten Puderzucker	mit
3 Eßl. Apfelsinensaft	zu einer dickflüssigen Masse verrühren den erkalteten Kuchen damit überziehen.

Mandelsplitterkuchen

200 g Butter	geschmeidig rühren, nach und nach
200 g Zucker	
1 Päckchen Vanillin-Zucker	
abgeriebene Schale und Saft von ½ Zitrone (unbehandelt)	
1 – 2 Eßl. Rum	
Salz, 4 Eier	unterrühren
200 g Weizenmehl	mit
4 g (1½ gestrichene Teel.) Backpulver	mischen, sieben, eßlöffelweise unterrühren den Teig in eine gut gefettete, mit einem Teil von
80 g Mandelsplittern	ausgestreute Kastenform füllen, mit den restlichen Mandelsplittern bestreuen
Strom:	175 – 200, **Gas:** 3 – 4
Backzeit:	Etwa 50 Minuten.

149

Omas Nußkuchen

Für den Teig

150 g Haselnußkerne	mahlen, auf einem Backblech im Backofen leicht rösten
100 g Haselnußkerne	fein hacken
275 g Butter oder Margarine	geschmeidig rühren, nach und nach
175 g Zucker 1 Päckchen Vanillin-Zucker	
4 Eier	unterrühren
200 g Weizenmehl 3 g (1 gestrichener Teel.) Backpulver	mit
Backin	mischen, sieben, eßlöffelweise unterrühren die Haselnußkerne unter den Teig heben, ihn in eine gefettete, mit Pergamentpapier ausgelegte Kastenform (30 x 11 cm) füllen
Strom:	165 – 185 (vorgeheizt)
Gas:	2 – 3 (nicht vorgeheizt)
Backzeit:	60 – 75 Minuten in den heißen Kuchen mehrmals mit einem Holzstäbchen stechen, ihn von allen Seiten mit
5 Eßl. Rum	bestreichen

zum Aprikotieren

4 Eßl. Aprikosen- Konfitüre	durch ein Sieb streichen, mit
3 Eßl. Wasser	verrühren, einmal aufkochen lassen, den Kuchen damit bestreichen, gut auskühlen lassen

für den Guß

100 g Schokolade	in kleine Stücke brechen, mit
etwas Kokosfett	in einem kleinen Topf im Wasserbad bei schwacher Hitze zu einer geschmeidigen Masse verrühren, den erkalteten Kuchen damit überziehen.

Echte Nürnberger Lebkuchen

Für den Teig

2 kleine Eier	mit
125 g Zucker 1 Prise Muskatnuß ½ Teel. gemahlene Nelken ½ Teel. gemahlenen Zimt 2 Tropfen Backöl Bittermandel	schaumig schlagen, nach und nach

einige Tropfen Rum-Aroma einige Tropfen Backöl Zitrone	unterrühren
125 g gemahlene Mandeln 125 g abgezogene, gehackte Mandeln 125 g feingewürfeltes Zitronat (Sukkade) Oblaten (Durchmesser etwa 6 cm)	unter die Eiermasse rühren, den Teig fingerdick auf verstreichen oder als flache Häufchen auf ein gefettetes Backblech setzen, in den vorgeheizten Backofen schieben
Strom:	Etwa 180
Gas:	Etwa 3
Backzeit:	Etwa 20 Minuten

für den Guß

150 g Puderzucker 2 – 3 Eßl. heißem Wasser	sieben, mit zu einer dickflüssigen Masse verrühren, die noch warmen Lebkuchen damit bestreichen.

Marzipankuchen

Für den Teig

200 g Marzipan-Rohmasse	geschmeidig rühren
200 g Butter 100 g Zucker 1 Päckchen Vanillin-Zucker 4 Eier 2 Tropfen Backöl Bittermandel	hinzufügen, geschmeidig rühren, nach und nach
	unterrühren
250 g Weizenmehl	mit
75 g Speisestärke 3 g (1 gestrichener Teel.) Backpulver	mischen, sieben, eßlöffelweise unterrühren den Teig in eine gefettete, mit Pergamentpapier ausgelegte Kastenform (30 × 11 cm) füllen
Strom:	150 – 175 (vorgeheizt)
Gas:	2 – 3 (nicht vorgeheizt)
Backzeit:	Etwa 65 Minuten

für den Guß

100 g Schokolade etwas Kokosfett	in kleine Stücke brechen, mit in einem kleinen Topf im Wasserbad bei schwacher Hitze zu einer geschmeidigen Masse verrühren den erkalteten Kuchen mit dem Guß überziehen.

151

Nuß- oder Mandelkranz

	Für den Teig
150 g Speisequark	mit
6 Eßl. Milch	
6 Eßl. Speiseöl	
75 g Zucker	
1 Päckchen Vanillin-Zucker	
Salz	verrühren
300 g Weizenmehl	mit
1 Päckchen Backpulver Backin	mischen, sieben, die Hälfte davon unter den Quark rühren, den Rest des Mehls unterkneten
	den Teig zu einem Rechteck von etwa 35 x 45 cm ausrollen

	für die Füllung
200 g gemahlene Haselnußkerne oder 200 g gemahlene Mandeln	mit
100 g Zucker	
4 – 5 Tropfen Backöl Bittermandel	
1 Eiweiß	
½ Eigelb	
3 – 4 Eßl. Wasser	verrühren, so daß eine geschmeidige Masse entsteht, mit einem Teigschaber auf die Teigplatte streichen, von der längeren Seite her aufrollen, als Kranz auf ein gefettetes Backblech legen
½ Eigelb	
1 Eßl. Milch	verschlagen, den Kranz damit bestreichen, etwa ½ cm tief sternförmig einschneiden
Strom:	175 – 200
Gas:	3 – 4
Backzeit:	30 – 40 Minuten.

Back-Tip:	Wenn Quark-Ölteig zu weich wird, liegt es daran, daß der Quark zu feucht ist. Der im Handel angebotene Quark hat eine unterschiedliche Feuchtigkeit. Deshalb sollte der Quark vor der Teigzubereitung einige Zeit auf einem Sieb abtropfen oder in einem Mulltuch ausgepreßt werden, damit er möglichst trocken wird. Auf keinen Fall sollte noch Mehl in den Teig gegeben werden, da daß Gebäck dann nicht genügend aufgeht.
	Quark-Ölteig-Gebäcke sollten nicht zu lange backen, weil sie dadurch trocken werden. Wie auch Hefeteig-Gebäcke schmecken sie frisch am besten.

Festliche Torten

Mandeltorte

Für den Teig

5 Eigelb	mit
4 Eßl. Apfelsinensaft	schaumig schlagen, nach und nach ⅔ von
175 g Zucker	und
1 Päckchen Vanillin-Zucker	
abgeriebene gelbe Schale 1 Apfelsine (unbehandelt)	hineingeben, so lange schlagen, bis eine cremeartige Masse entstanden ist
5 Eiweiß	steif schlagen, es muß so fest sein, daß ein Messerschnitt sichtbar bleibt, nach und nach den Rest des Zuckers unterschlagen, den Schnee auf die Eigelbcreme geben
50 g Weizenmehl	mit
50 g Speisestärke	
3 g (1 gestrichener Teel.) Backpulver Backin	mischen, darüber sieben
300 g abgezogene, gemahlene, leicht geröstete Mandeln	darüber streuen, vorsichtig unter die Eigelbcreme ziehen (nicht rühren) den Teig in eine gefettete, mit Pergamentpapier ausgelegte Springfom (Durchmesser etwa 26 cm) füllen, sofort backen
Strom:	175 – 200, **Gas:** 3 – 4
Backzeit:	Etwa 40 Minuten den Tortenboden gut auskühlen lassen *für den Krokant*
1 Messerspitze Butter	
25 g (1 gut gehäufter Eßl.) Zucker	unter Rühren erhitzen, bis der Zucker schwach gebräunt ist
50 g abgezogene, gehackte Mandeln	hinzufügen, unter Rühren erhitzen, bis die Krokantmasse genug gebräunt ist, auf eine geölte Platte geben, erkalten lassen, in kleine Stücke zerstoßen *zum Garnieren*
1 Eßl. Speiseöl	in einer kleinen Pfanne erhitzen
100 g abgezogene, halbierte Mandeln	hinzugeben, unter häufigem Wenden leicht bräunen, abkühlen, abtropfen lassen (am besten auf Küchenpapier) *für die Füllung* eine Vanille-Buttercreme nach der Vorschrift auf der Packung zubereiten aus
1 Packung Torten-Creme-Pulver Vanille-Geschmack	
300 ml Milch	
200 g Butter oder Margarine	

1 Päckchen Vanillin-Zucker	
	den Tortenboden einmal durchschneiden, den unteren Boden zuerst mit
2 gehäuften Eßl. Apfelsinenmarmelade	bestreichen, dann mit etwa der Hälfte der Creme bestreichen
	den oberen Boden darauf legen, Rand und obere Seite der Torte mit der restlichen Creme bestreichen, den Rand mit dem Krokant bestreuen
	die Torte mit den Mandelhälften garnieren, kalt stellen.

Sachertorte

Für den Teig

6 Eigelb	mit
2 Eßl. warmem Wasser	schaumig schlagen, nach und nach ⅔ von
175 g Zucker	mit
1 Päckchen Vanillin-Zucker	dazugeben, so lange schlagen, bis eine cremeartige Masse entstanden ist
6 Eiweiß	steif schlagen, nach und nach den Rest des Zuckers unterschlagen, den Schnee auf die Eigelbcreme geben
100 g Weizenmehl **2 Päckchen Pudding-Pulver für Schokoladen-Pudding, z. B. Gala** **50 g Kakao** **6 g (2 gestrichene Teel.) Backpulver Backin**	mit mischen, darüber sieben, unter die Eigelbcreme ziehen (nicht rühren), dabei nach und nach
150 g zerlassene, abgekühlte Butter	dazugeben, den Teig in eine mit Pergamentpapier ausgelegte Springform (Durchmesser etwa 26 cm) füllen, sofort backen
Strom:	175 – 200
Gas:	3 – 4
Backzeit:	35 – 45 Minuten
	den Tortenboden gut auskühlen lassen, einmal durchschneiden, mit ⅔ von
200 g Aprikosen-Konfitüre	füllen, Rand und obere Seite der Torte dünn und gleichmäßig mit der restlichen Konfitüre bestreichen

für den Guß

100 g Schokolade **etwas Kokosfett**	in kleine Stücke brechen, mit in einem kleinen Topf im Wasserbad bei schwacher Hitze zu einer geschmeidigen Masse verrühren, die Torte gleichmäßig damit überziehen.

Feine Schokoladentorte

	Für den Teig
150 g Butter	geschmeidig rühren, nach und nach
75 g Zucker	
1 Päckchen Vanillin-Zucker	
150 g aufgelöste zartbittere Schokolade	
2 Eier	
4 Eigelb	unterrühren
150 g Weizenmehl	mit
15 – 25 g Kakao	
3 g (1 gestrichener Teel.) Backpulver Backin	mischen, sieben, eßlöffelweise unterrühren
4 Eiweiß	steif schlagen, der Schnee muß so fest sein, daß ein Messerschnitt sichtbar bleibt
75 g Zucker	nach und nach unterschlagen, den Schnee vorsichtig unter den Teig heben, in eine Springform (Durchmesser etwa 28 cm, Boden gefettet, mit Pergamentpapier belegt) füllen, glattstreichen
Strom:	175 – 200 (vorgeheizt)
Gas:	2 – 3 (nicht vorgeheizt)
Backzeit:	Etwa 40 Minuten
	den Tortenboden stürzen, gut auskühlen lassen, einmal durchschneiden
	den unteren Boden mit
2 – 3 Eßl. Johannis-beergelee	bestreichen, mit dem oberen Boden bedecken, Rand und obere Seite der Torte gleichmäßig mit
2 – 3 Eßl. Johannis-beergelee	bestreichen
	für den Guß
100 g zartbittere Schokolade	in kleine Stücke brechen, mit
5 Eßl. Sahne	in einem kleinen Topf im Wasserbad bei schwacher Hitze zu einer geschmeidigen Masse verrühren, die Torte damit überziehen.
Back-Tip:	Um Tortenböden in gleichmäßig dicke Schichten zu teilen, den Rand vorher mit einem spitzen Messer ringsum etwa 1 cm tief einschneiden, dann einen Zwirnsfaden in die Einschnitte legen, die Enden des Fadens über Kreuz legen und fest anziehen.

Rehrücken,
Rezept S. 133

Himmelstorte

(Abb. S. 158)

Für den Teig

250 g Butter oder Margarine	geschmeidig rühren, nach und nach
200 g Zucker 1 Päckchen Vanillin-Zucker 4 Eigelb	
Salz	unterrühren
250 g Weizenmehl	mit
6 g (2 gestrichene Teel.) Backpulver Backin	mischen, sieben, eßlöffelweise unterrühren

für den Belag

4 Eiweiß	steif schlagen für 4 Böden jeweils 2 Eßl. des Teiges auf einen gefetteten Springformboden (Durchmesser etwa 28 cm) streichen (darauf achten, daß die Teiglage am Rand nicht zu dünn ist, damit der Boden dort nicht zu dunkel wird) ¼ von dem steifgeschlagenen Eierschnee gleichmäßig auf jedem Boden verteilen
50 g Zucker 1 Päckchen Vanillin-Zucker 1 gestrichenen Teel. gemahlenem Zimt	mischen, ¼ davon und ¼ von
100 g abgezogenen, gehobelten oder gestiftelten Mandeln	auf jeden Teigboden streuen, jeden Boden ohne Springformrand im vorgeheizten Backofen backen, bis er hellbraun ist
Strom:	175 – 200
Gas:	3 – 4
Backzeit:	15 – 20 Minuten die Böden sofort nach dem Backen vom Springformboden lösen

für die Füllung

500 g Johannisbeertrauben	waschen, gut abtropfen lassen, abstreifen, mit
125 g gesiebtem Puderzucker	bestreuen
500 ml (½ l) Schlagsahne	½ Minute schlagen
3 Päckchen Sahnesteif	einstreuen, die Sahne steif schlagen, die Johannisbeeren unter die Sahne heben, die einzelnen Böden mit der Füllung bestreichen, zu einer Torte zusammensetzen, die oberste Schicht muß aus einem Boden bestehen.

Zitronen-Schoko-Torte

	Für den Teig
300 g Weizenmehl	mit
6 g (2 gestrichene Teel.) Backpulver Backin	
10 g Back-Kakao	mischen, auf die Tischplatte sieben, in die Mitte eine Vertiefung eindrücken
175 g Zucker	
. 1 Päckchen Vanillin-Zucker	
1 Ei	hineingeben, mit einem Teil des Mehls zu einem dicken Brei verarbeiten
175 g kalte Butter	in Stücke schneiden, auf den Teigbrei geben, mit
200 g gemahlenen Haselnußkernen	bedecken, von der Mitte aus alle Zutaten schnell zu einem glatten Teig verkneten, sollte er kleben, ihn eine Zeitlang kalt stellen
	aus dem Teig 4 Böden herstellen
	dazu jeweils ¼ des Teiges auf einem kantenlosen gefetteten Springformboden (Durchmesser etwa 28 cm) ausrollen, jeden Boden ohne Springformrand im vorgeheizten Backofen backen
Strom:	175 – 200, **Gas:** 3 – 4
Backzeit:	Je Boden 10 – 15 Minuten
	sofort nach dem Backen die Böden vom Springformboden lösen, einen davon in 16 Stücke schneiden, erkalten lassen
	für den Guß
50 g Schokolade	in kleine Stücke brechen, mit
10 g Kokosfett	in einem kleinen Topf im Wasserbad bei schwacher Hitze zu einer geschmeidigen Masse verrühren, die 16 Tortenstücke auf einer Seite gleichmäßig damit bestreichen
	für die Füllung
3 gestrichene Teel. Gelatine gemahlen, weiß	mit
3 Eßl. kaltem Wasser	in einem kleinen Topf anrühren, 10 Minuten zum Quellen stehenlassen
1 Zitrone (unbehandelt)	mit heißem Wasser abwaschen, abtrocknen, die Zitronenschale mit den Ecken von
5 Stück Würfelzucker	abreiben
	die gequollene Gelatine mit dem Würfelzucker unter Rühren erwärmen, bis alles gelöst ist
7 Eßl. Zitronensaft	hinzufügen
750 ml (¾ l) Schlagsahne	fast steif schlagen, die lauwarme Gelatinelösung hinzufügen, die Sahne vollkommen steif schlagen
150 g Puderzucker	sieben, vorsichtig unterheben, einen Teil der Sahne in einen Spritzbeutel füllen, einen der gebackenen Böden so einteilen, daß 16 Stücke von der Mitte aus zum Rand mit

„Sahnetütchen" bespritzt werden können, die beiden übrigen Böden mit der restlichen Sahne bestreichen (nach Belieben bespritzen), aufeinandersetzen, mit dem verzierten Boden bedecken

die mit Guß bestrichenen Tortenstückchen jeweils an ein „Sahnetütchen" schräg gesteckt anlehnen, so daß eine fächerartige Garnierung entsteht.

Mokka-Sahnetorte

	Für den Teig
2 Eigelb	mit
2 – 3 Eßl. warmem Wasser*	schaumig schlagen, nach und nach ⅔ von
100 g Zucker	mit
1 Päckchen Vanillin-Zucker	dazugeben, so lange schlagen, bis eine cremeartige Masse entstanden ist
2 Eiweiß	steif schlagen, nach und nach den Rest des Zuckers unterschlagen, den Schnee auf die Eigelbcreme geben
75 g Weizenmehl	mit
50 g Speisestärke	
3 g (1 gestrichener Teel.) Backpulver Backin	mischen, darüber sieben, unter die Eigelbcreme ziehen (nicht rühren), den Teig in eine mit Pergamentpapier ausgelegte Springform (Durchmesser etwa 26 cm) füllen, sofort backen
Strom:	175 – 200, **Gas:** 3 – 4
Backzeit:	20 – 30 Minuten
	den Tortenboden gut auskühlen lassen
	für die Füllung
2 schwach gehäufte Teel. Kaffee-Extraktpulver	mit 2 Eßl. von
750 ml (¾ l) Schlagsahne	anrühren, die übrige Sahne 1 Minute schlagen
75 – 100 g Puderzucker	sieben, mit
3 Päckchen Sahnesteif	
1 Päckchen Vanillin-Zucker	mischen, einstreuen, die Sahne steif schlagen, das Kaffee-Extraktpulver unterrühren
	den Tortenboden einmal durchschneiden, den unteren Boden mit ⅔ der Mokkasahne bestreichen, den oberen darauf legen, gut andrücken, Rand und obere Seite der Torte gleichmäßig mit etwas von der zurückgelassenen Sahne bestreichen, den Rand mit
Schokoladenstreuseln	bestreuen, die Torte mit der restlichen Sahne verzieren, mit
12 Mokkabohnen	garnieren.

*Bei großen Eiern die kleinere, bei kleinen Eiern die größere Wassermenge nehmen.

Orangenlikör-Torte

Für den Teig

3 Eigelb	mit
3 – 4 Eßl. warmem Wasser	schaumig schlagen, nach und nach ⅔ von
125 g Zucker	mit
1 Päckchen Vanillin-Zucker	dazugeben, so lange schlagen, bis eine cremeartige Masse entstanden ist
3 Eiweiß	steif schlagen, nach und nach den Rest des Zuckers unterschlagen, den Schnee auf die Eigelbcreme geben
75 g Weizenmehl 75 g Speisestärke 6 g (2 gestrichene Teel.) Backpulver Backin	mit
	mischen, darüber sieben, unter die Eigelbcreme ziehen (nicht rühren), dabei nach und nach
75 g zerlassene, abgekühlte Butter	dazugeben die Hälfte des Teiges in eine Springform (Durchmesser etwa 28 cm, Boden gefettet, mit Pergamentpapier belegt) füllen, sofort backen
Strom:	175 – 200 (vorgeheizt), **Gas:** 3 – 4 (nicht vorgeheizt)
Backzeit:	15 – 20 Minuten unter den restlichen Teig
1 gestrichenen Eßl. Kakao	rühren, ihn wie den hellen Teig backen die Tortenböden gut auskühlen lassen

für die Füllung

1 Päckchen Gelatine gemahlen, weiß	mit
4 Eßl. kaltem Wasser	in einem kleinen Topf verrühren, 10 Minuten zum Quellen stehenlassen
375 ml (⅜ l) Milch	zum Kochen bringen
1 Päckchen Pudding-Pulver Vanille-Geschmack 75 g Zucker	mischen, mit
125 ml (⅛ l) Orangenlikör	anrühren, unter Rühren in die von der Kochstelle genommene Milch geben, kurz aufkochen lassen, die gequollene Gelatine (½ Teel. zurücklassen) in den noch heißen Pudding geben, so lange rühren, bis sie gelöst ist, den Pudding kalt stellen, ab und zu durchrühren
500 g Aprikosen (aus der Dose)	abtropfen lassen einige Aprikosen in 16 Scheiben schneiden (zum Garnieren zurücklassen), die übrigen in kleine Stücke schneiden, auf dem dunklen Boden verteilen die zurückgelassene Gelatine unter Rühren erwärmen, bis sie

500 ml (½ l) Schlagsahne
gelöst ist, die Aprikosenscheiben damit bestreichen
steif schlagen, unter den erkalteten, aber noch nicht
vollkommen fest gewordenen Pudding heben
gut 4 Eßl. der Creme in einen Spritzbeutel mit Sterntülle
füllen
gut die Hälfte der restlichen Creme auf die Aprikosen
verteilen, den hellen Boden darauf legen, gut andrücken
Rand und obere Seite der Torte mit der restlichen Creme
bestreichen, den Rand mit

75 g Krokant
bestreuen
die obere Seite mit der Creme aus dem Spritzbeutel verzieren,
mit Krokant und den Aprikosenscheiben garnieren.

Wiener Sandtorte

Für den Teig von

6 Eiern
2 Teel. Eiweiß abnehmen, zugedeckt aufbewahren
die Eier mit einem elektrischen Handrührgerät auf höchster
Stufe mit

375 g feinkörnigem
Zucker
(eßlöffelweise hinzufügen)

2 Päckchen
Vanillin-Zucker
1½ – 2 Minuten schlagen

2 Eßl. Wasser
hinzugeben

175 g Weizenmehl
175 g Speisestärke
4½ g (1½ gestrichene
Teel.) Backpulver Backin
mischen, sieben, eßlöffelweise unterrühren

375 g zerlassene Butter
heiß (aber nicht kochend) vorsichtig unterrühren
den Teig in eine gefettete Springform (Durchmesser
etwa 28 cm) füllen

Strom: 150 – 175 (vorgeheizt)
Gas: 2 – 3 (nicht vorgeheizt)
Backzeit: 60 – 85 Minuten
die Torte auf einen Kuchenrost stürzen, etwas abkühlen
lassen
zum Aprikotieren

3 gehäufte Eßl.
Aprikosen-Konfitüre
3 Eßl. Apricot Brandy
1 Eßl. Wasser
1 Teel. Rum
durch ein Sieb streichen, mit

unter Rühren aufkochen lassen, die Sandtorte damit
bestreichen
für den Guß

30 g Puderzucker
sieben, mit den zurückgelassenen

2 Teel. Eiweiß
evtl. etwas Wasser
verrühren, bis ein spritzfähiger Guß entstanden ist
die Masse in ein Pergamentpapiertütchen füllen, von der Tüte
eine Spitze abschneiden, die Torte mit dem Guß verzieren.

163

Haselnußrolle

Für den Teig

4 Eigelb	mit
3 – 4 Eßl.	
warmem Wasser	schaumig schlagen, nach und nach ⅔ von
125 g Zucker	mit
1 Päckchen	
Vanillin-Zucker	hineingeben, so lange schlagen, bis eine cremeartige Masse entstanden ist
4 Eiweiß	steif schlagen, nach und nach den Rest des Zuckers unterschlagen, den Schnee auf die Eigelbcreme geben
75 g Weizenmehl	mit
50 g Speisestärke	
1 Messerspitze	
Backpulver Backin	mischen, darüber sieben, unter die Eigelbcreme ziehen (nicht rühren), den Teig etwa 1 cm dick auf ein gefettetes, mit Pergamentpapier belegtes Backblech streichen, an der offenen Seite des Blechs das Papier unmittelbar vor dem Teig zur Falte knicken, so daß ein Rand entsteht, im vorgeheizten Backofen backen
Strom:	200 – 225, **Gas:** 3 – 4
Backzeit:	10 – 15 Minuten
	den Biskuit nach dem Backen sofort auf ein mit Zucker bestreutes Papier stürzen, das Pergamentpapier mit kaltem Wasser bestreichen, vorsichtig, aber schnell abziehen
	den Biskuit mit der Papierunterlage aufrollen, kalt stellen
	für die Füllung
375 ml (⅜ l) Schlagsahne	½ Minute schlagen
40 g Puderzucker	sieben, mit
2 Päckchen Sahnesteif	
1 Päckchen	
Vanillin-Zucker	mischen, einstreuen, die Sahne steif schlagen
1 – 2 Tropfen	
Backöl Bittermandel	
100 g gemahlene	
Haselnußkerne	unterrühren
	die ausgekühlte Rolle vorsichtig auseinanderrollen, mit der Haselnußsahne (etwas zurücklassen) gleichmäßig bestreichen, aufrollen, die äußere braune Haut entfernen, die Rolle mit der restlichen Sahne bestreichen, mit
in Scheiben	
geschnittenen	
Haselnußkernen	bestreuen.

Back-Tip:	Biskuit-Gebäck gelingt nur, wenn der Eierschnee wirklich steif ist. Das Eiweiß sorgfältig vom Eigelb trennen und das Eiweiß ohne Zucker zu festem Schnee schlagen.

Ananas-Sahnetorte

Für den Teig

3 Eigelb	mit
3 – 4 Eßl. warmem Wasser	schaumig schlagen, nach und nach ⅔ von
125 g Zucker	mit
1 Päckchen Vanillin-Zucker	dazugeben, so lange schlagen, bis eine cremeartige Masse entstanden ist
3 Eiweiß	steif schlagen, nach und nach den Rest des Zuckers unterschlagen, den Schnee auf die Eigelbcreme geben
125 g Weizenmehl	mit
1 gestr. Eßl. Kakao	
3 g (1 gestrichener Teel.) Backpulver	mischen, darüber sieben
50 g abgezogene, gemahlene, geröstete Mandeln	
100 g geriebene Schokolade	darauf geben, vorsichtig unter die Eigelbcreme ziehen (nicht rühren) den Teig in die gut gefettete Form füllen, sofort backen
Strom:	175 – 200 (vorgeheizt)
Gas:	3 – 4 (nicht vorgeheizt)
Backzeit:	20 – 30 Minuten den Tortenboden gut auskühlen lassen, einmal durchschneiden

für den Guß

75 g zartbittere Schokolade	in kleine Stücke brechen, mit
etwas Kokosfett	in einem kleinen Topf im Wasserbad bei schwacher Hitze zu einer geschmeidigen Masse verrühren, den oberen Boden gleichmäßig damit überziehen

für die Füllung

2 schwach gehäufte Teel. Gelatine gemahlen, weiß	mit
3 Eßl. kaltem Wasser	in einem kleinen Topf anrühren, 10 Minuten zum Quellen stehenlassen
10 Scheiben Ananas (aus der Dose, etwa 350 g)	abtropfen lassen, in kleine Stücke schneiden
300 g Ananas-Konfitüre	durch ein Sieb streichen, mit
3 Eßl. Weinbrand	verrühren, die gequollene Gelatine unter Rühren erwärmen, bis sie gelöst ist, unter die Ananas-Konfitüre rühren
500 ml (½ l) Schlagsahne	steif schlagen, ¼ davon zum Verzieren abnehmen, unter die übrige Sahne die Konfitüre rühren, kurze Zeit kalt stellen

Fortsetzung Seite 166

die Ananas-Stücke (einige zum Garnieren zurücklassen) auf
den unteren Boden geben, die Ananas-Sahne darauf
verteilen
den mit Schokolade bestrichenen Boden darauf legen, gut
andrücken
den unteren Rand der Torte mit etwas von der
zurückgelassenen Sahne bestreichen, mit

**25 g abgezogenen,
gemahlenen,
gerösteten Mandeln** bestreuen
die obere Seite der Torte mit der restlichen Sahne verzieren,
mit
Liebesperlen und Ananas-Stücken garnieren.

Kaiserin-Friedrich-Torte
(Abb. S. 167)

Für den Teig

250 g Kokosfett zerlassen, kalt stellen, etwas fest werden lassen
oder
300 g Margarine geschmeidig rühren
300 g Zucker
1 Päckchen
Vanillin-Zucker hinzugeben, so lange rühren, bis Fett und Zucker
weißschaumig geworden sind, dann nach und nach

5 Eier, 1 Eigelb
½ Eiweiß
3 Tropfen Backöl
Bittermandel
½ Fläschchen
Rum-Aroma
Salz unterrühren
300 g Weizenmehl mit
75 g Speisestärke
6 g (2 gestrichene
Teel.) Backpulver mischen, sieben, eßlöffelweise unterrühren
125 g gewürfeltes
Zitronat (Sukkade) unter den Teig heben, ihn in die gefettete Form füllen
Strom: 175 – 200 (vorgeheizt)
Gas: 2 – 3 (nicht vorgeheizt)
Backzeit: 65 – 75 Minuten

für den Guß

175 g Puderzucker sieben, mit
½ Eiweiß
etwa 3 Eßl. Zitronensaft glattrühren, so daß eine dickflüssige Masse entsteht
die erkaltete Torte mit dem Guß überziehen
50 g Zitronat (Sukkade) in Blüten und Streifen schneiden, die Torte damit garnieren.

166

Prinzregententorte

(Abb. S. 168)

Für den Teig

250 g Butter oder Margarine	geschmeidig rühren, nach und nach
250 g Zucker	
1 Päckchen Vanillin-Zucker	
4 Eier, Salz	unterrühren
200 g Weizenmehl	mit
50 g Speisestärke	
3 g (1 gestrichener Teel.) Backpulver	mischen, sieben, eßlöffelweise unterrühren

aus dem Teig 8 Böden herstellen
knapp 2 Eßl. des Teiges jeweils auf einen gefetteten
Springformboden (Durchmesser etwa 28 cm) streichen
(darauf achten, daß die Teiglage am Rand nicht zu dünn ist,
damit der Boden dort nicht zu dunkel wird)
jeden Boden ohne Springformrand im vorgeheizten
Backofen backen, bis er hellbraun ist

Strom: 175 – 200
Gas: 3 – 4
Backzeit: 8 – 10 Minuten

für die Buttercreme

1 Päckchen Pudding-Pulver für Schokoladen-Pudding	mit
10 g Kakao	
100 g Zucker	mischen, mit 6 Eßl. von
500 ml (½ l) kalter Milch	anrühren, die übrige Milch zum Kochen bringen, das Pudding-Pulver unter Rühren in die von der Kochstelle genommene Milch geben, kurz aufkochen lassen, kalt stellen, ab und zu durchrühren
250 g Butter oder Margarine	geschmeidig rühren, den Pudding eßlöffelweise darunter geben (darauf achten, daß weder Fett noch Pudding zu kalt sind, da dann die sogenannte Gerinnung eintritt)

die einzelnen Böden mit der Buttercreme bestreichen (2 – 3
Eßl. zum Verzieren zurücklassen), zu einer Torte
zusammensetzen, die oberste Schicht muß aus einem Boden
bestehen

für den Guß

100 g Schokolade	in kleine Stücke brechen, mit
etwas Kokosfett	in einem kleinen Topf im Wasserbad bei schwacher Hitze zu einer geschmeidigen Masse verrühren, die Torte damit überziehen, mit der zurückgelassenen Creme verzieren, mit
Schokoladentäfelchen	garnieren.

Trüffeltorte

	Für den Teig
4 Eigelb	mit
3 – 4 Eßl. warmem	
Wasser	schaumig schlagen, nach und nach ⅔ von
175 g Zucker	mit
1 Päckchen	
Vanillin-Zucker	hinzugeben, so lange schlagen, bis eine cremeartige Masse entstanden ist
4 Eiweiß	steif schlagen, nach und nach den Rest des Zuckers unterschlagen, den Schnee auf die Eigelbcreme geben
100 g Weizenmehl	mit
100 g Speisestärke	
30 g Kakao	
9 g (3 gestrichene Teel.)	
Backpulver Backin	mischen, darüber sieben, unter die Eigelbcreme ziehen (nicht rühren), den Teig in eine Springform (Durchmesser etwa 28 cm, Boden gefettet, mit Pergamentpapier belegt) füllen, sofort backen
Strom:	175 – 200 (vorgeheizt), **Gas: 3 – 4** (nicht vorgeheizt)
Backzeit:	20 – 30 Minuten
	den Tortenboden gut auskühlen lassen
	für die Füllung
125 g Butter	geschmeidig rühren
150 g Puderzucker	mit
100 g Kakao	mischen, sieben, nach und nach abwechselnd mit
1 Ei	
1 Fläschchen	
Rum-Aroma	unterrühren, 16 Teel. davon abnehmen, jedesmal so viel, daß sich aus einem Teel. Masse eine kirschgroße Kugel formen läßt, die Masse kalt stellen
	unter den Rest der Füllung
2 Eßl. Wasser	
1 Päckchen	
Vanillin-Zucker	rühren
	den Tortenboden zweimal durchschneiden, mit der Kakaomasse füllen
	für den Guß
100 g Schokolade	in kleine Stücke brechen, mit
etwas Kokosfett	in einem kleinen Topf im Wasserbad bei schwacher Hitze zu einer geschmeidigen Masse verrühren, die Torte gleichmäßig damit überziehen
	den Rand und einen 2 cm breiten Rand auf der Torte mit
75 g Schokoladen-	
streuseln	bestreuen
	aus der kalt gestellten Masse 16 Kugeln formen, in den restlichen Schokoladenstreuseln wälzen (in einem Kaffeesieb), kranzförmig auf die Torte legen.

Gebäcke für Kalorienbewußte

„Mailänderli" oder Buttergebäck
(Abb. S. 77)

150 g Butter	geschmeidig rühren, nach und nach
15 g Assugrin Streusüße oder 2 Teel. Assugrin-Flüssigsüße	
1 Ei	
abgeriebene Schale von 1 Zitrone (unbehandelt)	unterrühren
225 – 250 g Weizenmehl	mit
8 g (½ Päckchen) Backpulver	mischen, darüber sieben, alles zu einem glatten Teig verarbeiten den Teig etwa ½ Stunde kalt stellen, etwa 3 mm dick ausrollen, mit beliebigen Formen Plätzchen ausstechen, auf ein mit Back-Trennpapier belegtes Backblech legen
1 Eigelb	mit
1 Eßl. Wasser	verschlagen, die Plätzchen damit bestreichen, in den vorgeheizten Backofen schieben, goldgelb backen
Strom:	Etwa 175
Gas:	Etwa 3
Backzeit:	8 – 12 Minuten.

Ergibt etwa 60 Plätzchen, pro Plätzchen 155 kJ ≙ 37 kcal, E: 0,7 g, F: 2,4 g, KH: 3 g.

Bunte Weihnachtssterne
(Abb. S. 57)

325 g Weizenmehl	mit
3 g (1 gestr. Teel.) Backpulver	mischen, auf die Tischplatte sieben, in die Mitte eine Vertiefung eindrücken
2 Eiweiß **3 Teel. Assugrin Flüssigsüße** **Salz** **Mark von 1 Vanilleschote** **1 Fläschchen Backöl Butter-Vanille**	hineingeben, mit einem Teil des Mehls zu einem dicken Brei verarbeiten
160 g kalte Butter	in Stücke schneiden, auf den Brei geben, mit Mehl bedecken, von der Mitte aus alle Zutaten schnell zu einem glatten Teig verkneten, sollte er kleben, ihn eine Zeitlang kalt stellen den Teig dünn ausrollen, Sterne ausstechen, auf ein mit Back-Trennpapier belegtes Backblech legen

| 2 Eigelb | mit |
| 1 Eßl. Wasser | verschlagen, in drei Portionen teilen, mit |

roter, gelber und grüner Lebensmittelfarbe einfärben
die Sterne mit den drei Farben bestreichen, in den vorgeheizten Backofen schieben

Strom: Etwa 200, **Gas:** Etwa 4
Backzeit: 12 – 15 Minuten.
Ergibt etwa 90 Plätzchen, pro Plätzchen 123 kJ ≙ 29 kcal.
E: 0,6 g, F: 1,7 g, KH: 2,7 g.

Nussige Kringel mit Mandeln

(Abb. S. 117)

150 g gesiebtes Weizenmehl mit
9 g (3 gestrichene Teel.) Backpulver
100 g abgezogenen, gemahlenen Mandeln
½ Teel. gemahlenem Zimt
abgeriebener Schale von 1 Orange (unbehandelt) mischen, auf die Tischplatte geben, in die Mitte eine Vertiefung eindrücken

1 Ei, 1 Eiweiß mit
3 Teel. Assugrin Flüssigsüße
einigen Tropfen Backöl Bittermandel gut verrühren, in die Vertiefung geben, mit einem Teil des Mehl-Mandel-Gemisches zu einem dicken Brei verarbeiten

100 g kalte Butter in Stücke schneiden, auf den Brei geben, mit Mehl bedecken, von der Mitte aus alle Zutaten schnell zu einem glatten Teig verkneten, sollte der Teig kleben, ihn eine Zeitlang kalt stellen
den Teig etwa 3 mm dick ausrollen, zunächst mit einer runden Form (Durchmesser 4,5 – 5 cm) ausstechen, die Teigplätzchen mit einer kleineren Form (Durchmesser etwa 2 cm) in der Mitte so ausstechen, daß Ringe entstehen, auf ein mit Back-Trennpapier belegtes Backblech legen

1 Eigelb mit
1 Eßl. Wasser verschlagen, die Teigringe damit bestreichen, mit
15 – 20 g feingehackten Mandeln bestreuen, in den vorgeheizten Backofen schieben
Strom: Etwa 200, **Gas:** Etwa 4
Backzeit: 10 – 12 Minuten.
Ergibt etwa 56 Plätzchen, pro Plätzchen 167 kJ ≙ 40 kcal,
E: 1 g, F: 2,9 g, KH: 2,4 g.

Zarter Baumkuchen

(Abb. S. 127)

175 g Butter	geschmeidig rühren, nach und nach
4 Eigelb	
4 Eßl. frisch gepreßten Orangensaft	
abgeriebene Schale von 1 Orange (unbehandelt)	
Mark von 1 Vanilleschote	
4 Teel. Assugrin Flüssigsüße oder 25 g Assugrin Streusüße	unterrühren
5 Eier	sehr schaumig schlagen
4 Eiweiß	steif schlagen, es muß so fest sein, daß ein Messerschnitt sichtbar bleibt
	die Eierschaum-Masse in die Butter-Eigelb-Masse geben, den Eischnee darauf füllen
100 g Weizenmehl	mit
85 g Speisestärke	
12 g (4 gestr. Teel.) Backpulver	
Backin	mischen, darüber sieben, alles vorsichtig mit einem Schneebesen unterrühren
	eine gefettete Kasten- oder Springform mit Pergamentpapier auskleiden, 3 – 4 Eßl. Teig auf den Boden streichen
	die Form auf dem Rost in den Backofen schieben (Abstand zwischen Grill und Teigschicht etwa 20 cm)
	die Teigschicht unter dem vorgeheizten Grill hellbraun backen
Grillzeit	
Strom:	1 – 1½ Minuten
Gas:	1 – 1½ Minuten
	als zweite Schicht etwa 3 Eßl. Teig auf die gebackene Schicht streichen, die Form wieder unter den Grill schieben
	den Teig auf diese Weise verarbeiten
	den fertigen Kuchen mit einem Messer vorsichtig vom Rand der Form lösen, auf ein Backblech stürzen, das Papier abziehen, sofort noch etwa 5 Minuten in den heißen Backofen schieben
	für den Guß
30 g Kokosfett	zerlassen
1 gehäuften Teel. Kakao	unterrühren, den erkalteten Kuchen dünn damit bestreichen, nach Belieben mit
Assugrin-Streusüße	bestreuen.

Ergibt 14 Stücke, pro Stück 795 kJ ≙ 190 kcal,
E: 4,4 g, F: 14,5 g, KH: 11,6 g.

Rosenkuchen mit Quarkfüllung

(Abb. S. 107)

Für die Füllung

75 g Speisequark (Magerstufe)	mit
etwas abgeriebener Zitronenschale (unbehandelt)	
1 Teel. Assugrin Flüssigsüße	
4 – 5 Tropfen Backöl Bittermandel	verrühren

für den Teig

125 g Speisequark (Magerstufe)	mit
6 Eßl. Milch	
4 Eßl. Speiseöl	
1 Teel. Assugrin-Flüssigsüße	
1 Eiweiß	
½ Eigelb	verrühren
Mark von 1 Vanilleschote	
Salz	hinzufügen
300 g Weizenmehl	mit
12 g (4 gestr. Teel.) Backpulver Backin	mischen, über die Quark-Masse sieben, alles zu einem geschmeidigen Teig verarbeiten

den Teig zu einem Rechteck von 30 x 50 cm ausrollen
die Füllung auf den Teig streichen

80 g abgezogene, gehobelte Mandeln	
75 g verlesene Rosinen oder Korinthen	gleichmäßig darüberstreuen, den Teig aufrollen, die Rolle in 13 – 14 Scheiben schneiden, diese in eine gefettete Springform (Durchmesser 20 oder 22 cm) legen
½ Eigelb	mit
2 Eßl. Wasser	verschlagen, den Teig damit bestreichen, mit
10 g abgezogenen, gehobelten Mandeln	bestreuen

die Form auf dem Rost in den vorgeheizten Backofen schieben

Strom:	Etwa 175
Gas:	Etwa 3
Backzeit:	45 – 55 Minuten.

Ergibt 12 Stücke, pro Stück 962 kJ ≙ 230 kcal.
E: 8 g, F: 10,3 g, KH: 24,5 g.

Lebkuchen-Nikolaus

(Abb. S. 177)

250 g Weizenmehl	mit
1½ g (½ gestr. Teel.) Backpulver	
½ Päckchen Lebkuchen-Gewürz	
1 Teel. gemahlenem Zimt	mischen, in eine Schüssel sieben
1 Ei, ½ Eiweiß	
½ Eigelb	hineingeben
40 g Butter	mit
2 Eßl. Wasser	
2 Teel. Assugrin-Flüssigsüße	in einem kleinen Topf erwärmen
5 g Pottasche	in
3 Eßl. frisch gepreßtem Orangensaft	auflösen

beide Flüssigkeiten in das Mehl-Gemisch geben, alles zu einem festen Teig verarbeiten

den Teig etwa ½ cm dick ausrollen, einen Nikolaus (nach Schablone) ausschneiden, auf ein mit Back-Trennpapier belegtes Backblech legen

mit Hilfe eines spitzen Messers die Konturen von Gesicht, Mantel, Stiefel usw. nachziehen

7 Pistazienkerne	in Stifte bzw. kleine Stücke schneiden
20 g abgezogene Mandeln	halbieren
20 g Haselnußkerne	
5 g gehackte Mandeln	

den Nikolaus mit den vier Zutaten verzieren, Nüsse und Mandeln etwas festdrücken und mit

½ verschlagenem Eigelb	bestreichen
	den Teig mit
½ verschlagenem Eiweiß	bestreichen

das Backblech in den vorgeheizten Backofen schieben

Strom: Etwa 200, **Gas:** Etwa 4

Backzeit: Etwa 25 Minuten

Nikolaus 4.688 kJ ≙ 1.120 kcal

E: 31,8 g, F: 47,8 g, KH: 124 g

aus dem restlichen Teig Plätzchen mit beliebigen Formen ausstechen, auf ein mit Back-Trennpapier belegtes Backblech legen, mit dem restlichen Eiweiß bestreichen, mit

abgezogenen, halbierten Mandeln	
ganzen Haselnußkernen	verzieren

Strom: Etwa 200, **Gas:** Etwa 4

Backzeit: Etwa 15 Minuten.

Ergibt etwa 20 Plätzchen, pro Plätzchen 184 kJ ≙ 44 kcal,

E: 1,2 g, F: 2,6 g, KH: 4 g.

Weihnachts-Baumstamm

(Abb. S. 178)

	Für den Teig
5 Eier	mit
2 Eßl. warmem Wasser	schaumig schlagen, nach und nach
60 g Zucker	hinzufügen, so lange schlagen, bis eine cremeartige Masse entstanden ist
1½ – 2 Teel. Assugrin Flüssigsüße oder 12 g Assugrin Streusüße	unterschlagen
120 g Weizenmehl	mit
20 g Kakao	
9 g (3 gestrichene Teel.) Backpulver	mischen, daüber sieben
abgeriebene Schale von 1 Orange (unbehandelt)	hinzufügen, alles unter die Eigelbcreme ziehen (nicht rühren), den Teig etwa 1 cm dick auf ein gefettetes, mit Pergamentpapier belegtes Backblech streichen, an der offenen Seite des Blechs das Papier unmittelbar vor dem Teig zu einer Falte knicken, so daß ein Rand entsteht, im vorgeheizten Backofen backen
Strom:	175 – 200
Gas:	3 – 4
Backzeit:	10 – 12 Minuten
	den Biskuit nach dem Backen sofort auf ein Küchentuch stürzen, das Pergamentpapier mit kaltem Wasser bestreichen, vorsichtig, aber schnell abziehen den Biskuit gleichmäßig mit
3 – 4 Eßl. Kirschkonfitüre	bestreichen, von der kürzeren Seite her aufrollen, auf ein mit Pergamentpapier belegtes Backblech legen
	für die Verzierung
3 Eiweiß	steif schlagen, es muß so fest sein, daß ein Messerschnitt sichtbar bleibt zuerst
35 g feinkörnigen Zucker 1 Teel. Assugrin Flüssig-süße	dann unterschlagen den Eierschnee in einen Spritzbeutel mit großer Sterntülle füllen, die Biskuitrolle mit gleichmäßig nebeneinander gesetzten Längsstreifen verzieren, einige Minuten unter den vorgeheizten Grill schieben, hellbraun werden lassen den ausgekühlten Weihnachts-Baumstamm nach Belieben verzieren. Ergibt etwa 14 Scheiben, pro Scheibe 460 kJ ≙ 110 kcal, E: 4,4 g, F: 2,6 g, KH: 16 g.

179

Quarkstollen
(Abb. S. 27)

425 g Weizenmehl	in eine Schüssel sieben, mit
1 Päckchen Trocken-Hefe	sorgfältig vermischen
Schale von 1 Zitrone (unbehandelt)	mit
Salz	
½ Teel. gemahlenem Zimt	
¼ Teel. gemahlenem Kardamom	hinzufügen, mit dem Mehl vermengen
75 g zerlassene, lauwarme Butter	mit
1 Ei	
100 ml lauwarmer Milch	
2 Eßl. Rum	
2 Teel. Assugrin Flüssigsüße	gut verrühren, mit
250 g Magerquark	in die Mehl-Gewürz-Mischung geben, alles mit einem elektrischen Handrührgerät mit Knethaken zuerst auf der niedrigsten, dann auf der höchsten Stufe in etwa 5 Minuten zu einem Teig verarbeiten, zugedeckt an einem warmen Ort etwa 30 Minuten gehen lassen
100 g gewürfeltes Zitronat (Sukkade)	
100 g gewürfeltes Orangeat	
80 g gehackte Mandeln	
150 g verlesene Rosinen	die vier Zutaten mit
1 Eßl. Weizenmehl	vermengen, unter den Hefeteig kneten den Teig halbieren, jede Hälfte zu einem abgerundeten Rechteck ausrollen ⅓ der Teigstücke von der längeren Seite aus dünner ausrollen, mit
etwas weicher Butter	bestreichen den übrigen Teig so darüber schlagen, daß ein etwa 5 cm breiter Rand frei bleibt die geformten Stollen auf ein mit Back-Trennpapier belegtes Backblech legen, zugedeckt an einem warmen Ort nochmals etwa 30 Minuten gehen lassen das Backblech in den vorgeheizten Backofen schieben
Strom:	175 – 200, **Gas:** 3 – 4
Backzeit:	50 – 60 Minuten die Stollen während des Backens mit
25 g flüssiger Butter	bestreichen, nach dem Backen mit
Assugrin Streusüße	bestreuen. Ergibt 20 Scheiben, pro Scheibe 925 kj ≙ 220 kcal, E: 6,2 g, F: 9 g, KH: 30 g.

Flockige Kokos-Makronen

(Abb. S. 88)

3 Eiweiß	steif schlagen, es muß so fest sein, daß ein Messerschnitt sichtbar bleibt
15 g Assugrin Streusüße oder 2½ – 3 Teel. Assugrin Flüssigsüße	unterschlagen
200 g Kokosflocken	mit
abgeriebener Schale von 1 Orange (unbehandelt)	mischen, vorsichtig unter den Eierschnee heben von der Masse mit 2 Teelöffeln Häufchen auf
28 – 30 Oblaten	setzen, auf ein gefettetes Backbleck legen, in den vorgeheizten Backofen schieben
Strom:	175 – 200, **Gas:** 3 – 4
Backzeit:	10 – 12 Minuten. Ergibt 28 – 30 Makronen, pro Makrone 168 kJ ≙ 40 kcal, E: 1,3 g, F: 3,4 g, KH: 0,9 g.

Haselnuß-Plätzchen

(Abb. S. 48)

2 Eier	mit
50 g Zucker	schaumig schlagen
10 g Assugrin Streusüße oder 1½ Teel. Assugrin-Flüssigsüße	unterschlagen
100 g Weizenmehl	sieben, mit
10 g gehackten Mandeln 150 g gemahlenen, gerösteten Haselnußkernen ½ Päckchen Lebkuchen-Gewürz	mischen, darüber geben, mit dem elektrischen Handrührgerät mit Knethaken schnell zu einem glatten Teig verkneten den Teig etwa ½ cm dick ausrollen, mit beliebigen Formen Plätzchen ausstechen, auf ein mit Back-Trennpapier ausgelegtes Backblech legen in die Mitte der Plätzchen je einen von
35 – 40 g Haselnuß-kernen	setzen, das Backblech in den vorgeheizten Backofen schieben
Strom:	175 – 200, **Gas:** 3 – 4
Backzeit:	Etwa 15 Minuten. Ergibt 50 Plätzchen, pro Plätzchen 175 kJ ≙ 42 kcal. E: 1,1 g, F: 2,7 g, KH: 3 g.

Weihnachtsherz, gefüllt

Für den Teig

3 Eier	mit
50 g Zucker	schaumig schlagen
15 g Assugrin Streusüße oder 2 Teel.	
Assugrin-Flüssigsüße	unterschlagen
200 g Weizenmehl	sieben, mit
3 g (1 gestrichener Teel.) Backpulver	
40 g gehackten Mandeln	
abgeriebener Schale von 1 Orange (unbehandelt)	
1 Päckchen Lebkuchen-Gewürz	mischen, darüber geben, alles zu einem glatten Teig verarbeiten

den Teig etwa 5 mm dick ausrollen
zwei große Herzen ausschneiden (nach Schablone)

für die Füllung

100 g abgezogene, gemahlene Mandeln	mit
1 Eiweiß	
1½ Teel. Assugrin-Flüssigsüße	
1 Teel. Rosenwasser	gut verrühren

ein Teig-Herz auf ein mit Back-Trennpapier ausgelegtes
Backblech legen, die Füllung darauf streichen, dabei einen
etwa 1 cm breiten Rand frei lassen
den Rand mit Wasser bestreichen, das zweite Teig-Herz
darauf legen, die Ränder gut andrücken
das gefüllte Herz in den vorgeheizten Backofen schieben

Strom:	175 – 200
Gas:	3 – 4
Backzeit:	30 – 40 Minuten

für die Verzierung

75 g Weizenmehl	auf die Tischplatte sieben, in die Mitte eine Vertiefung eindrücken
½ Eigelb	mit
einigen Tropfen Assugrin-Flüssigsüße	
50 g kalte Butter	verrühren, hineingeben, mit einem Teil des Mehls verrühren in Stücke schneiden, auf den Brei geben, mit Mehl bedecken, von der Mitte aus alle Zutaten zu einem glatten Teig verkneten, sollte er kleben, ihn eine Zeitlang kalt stellen

den Teig dünn ausrollen, etwa 20 kleine Herzen
ausstechen, aus dem restlichen Teig Buchstaben (Frohes
Fest) formen

	5 – 10 Minuten vor Beendigung der Backzeit das Herz mit
1 – 2 Eßl. Kartoffelmehl- Glasur (Rezept S. 185)	bestreichen, ringsherum mit den kleinen Knetteig-Herzen verzieren, die Buchstaben in der Mitte anordnen
½ Eigelb	mit
1 Teel. Wasser	verschlagen, die Verzierungen damit bestreichen das Herz wieder in den Backofen schieben, fertig backen. Ergibt etwa 16 Scheiben, pro Scheibe 753 kj ≙ 180 kcal, E: 5,3 g, F: 9 g, KH: 17,8 g.

Gewürzstern

(Abb. S. 38)

150 g Butter	mit
60 g Zucker	
2 Teel. Assugrin	
Flüssigsüße	sehr schaumig rühren, nach und nach
3 Eier	
abgeriebene Schale von	
1 Zitrone (unbehandelt)	
1 Teel. gemahlenen Zimt	
3 Teel. Lebkuchen- Gewürz	
¼ Teel. gemahlene Nelken	
1 Messerspitze gemahlene Muskatblüte (Macis)	
1 Messerspitze gemahlenen Kardamom	unterrühren
275 g Weizenmehl	mit
12 g (4 gestrichene Teel.) Backpulver	
20 g Kakao	mischen, sieben, eßlöffelweise unterrühren
3 Teel. Instant- Kaffeepulver	mit
1 Eßl. heißem Wasser	anrühren, unter den Teig rühren den Teig in eine gut gefettete Sternform füllen
Strom:	180 – 190
Gas:	Etwa 3
Backzeit:	Etwa 50 Minuten den abgekühlten Kuchen stürzen, erkalten lassen, mit
abgezogenen, halbierten Mandeln	verzieren, mit
Assugrin Streusüße	bestreuen. Ergibt etwa 16 Kuchenstücke, pro Stück 711 kJ ≙ 170 kcal, E: 3,5 g, F: 9,5 g, KH: 17,1 g.

Orangenkuchen, einmal ganz anders

(Abb. S. 68)

Für den Belag

2 mittelgroße Orangen (unbehandelt, je 150 g) heiß abwaschen, trockentupfen, in dünne Scheiben schneiden, in

4 Eßl. Rum
1 Teel. Assugrin Flüssigsüße zum Kochen bringen, etwa 2 Minuten kochen lassen, beiseite stellen

für den Teig

2 Eier mit
2 Eigelb
abgeriebener Schale von 1 Orange (unbehandelt)
2 Eßl. frisch gepreßtem Orangensaft sehr schaumig schlagen
2 Eiweiß steif schlagen, es muß so fest sein, daß ein Messerschnitt sichtbar bleibt, auf die Eigelb-Masse geben

2 Teel. Assugrin-Flüssigsüße darüber geben
1 Päckchen Pudding-Pulver Vanille-Geschmack mit
50 g Speisestärke
6 g (2 gestr. Teel.) Backpulver mischen, über den Eischnee sieben, alles mit einem Schneebesen unter die Eigelb-Masse rühren
den Boden einer beschichteten Obstform (Durchmesser 28 cm) mit Back-Trennpapier auslegen, die Orangenscheiben darauf verteilen, etwas Kochflüssigkeit dazu geben, den Teig darauffüllen, glattstreichen
die Form auf dem Rost in den vorgeheizten Backofen schieben

Strom: Etwa 175, **Gas:** Etwa 3
Backzeit: 25 – 30 Minuten
den Kuchen in der Form etwas abkühlen lassen, dann auf ein Kuchenrost stürzen, Back-Trennpapier abziehen

zum Überziehen

1 Teel. Gelatine gemahlen, weiß mit
3 Eßl. frisch gepreßtem Orangensaft
1 Eßl. Rum anrühren, 10 Minuten zum Quellen stehenlassen, unter Rühren erwärmen, bis sie gelöst ist, den Orangenkuchen damit bestreichen.
Ergibt 12 Stücke, pro Stück 289 kJ ≙ 69 kcal,
E: 2,9 g, F: 2 g, KH: 9,8 g.

Bunte Lebkuchenplätzchen
(Abb. S. 37)

3 Eier	mit
40 g Zucker	schaumig schlagen
12 – 15 g Assugrin	
Streusüße oder	
1½ – 2 Teel.	
Assugrin Flüssigsüße	
abgeriebene Schale von	
1 Zitrone (unbehandelt)	
1 Eßl. Rum	unterrühren
200 – 225 g Weizenmehl	mit
6 g (2 gestrichene Teel.)	
Backpulver	
1 Päckchen Lebkuchen-	
Gewürz	
1 gestrichenen Teel.	
gemahlenem Zimt	mischen, darüber sieben, alles zu einem glatten Teig verarbeiten
40 g feingehacktes	
Zitronat (Sukkade)	
40 g feingehacktes	
Orangeat	
30 g gehackte Mandeln	unterkneten den Teig 6 – 7 mm dick ausrollen, in etwa 5 cm große Rhomben schneiden, auf ein mit Back-Trennpapier belegtes Backblech legen, in den vorgeheizten Backofen schieben
Strom:	175 – 200
Gas:	3 – 4
Backzeit:	15 – 20 Minuten

für die Kartoffelmehl-Glasur

50 g Kartoffelmehl	in eine heiße Pfanne geben, unter Rühren bräunen lassen
375 ml (⅜ l) kaltes	
Wasser	hinzugießen, unter Rühren zum Kochen bringen, durch ein feines Sieb rühren, wieder zum Kochen bringen, etwas einkochen lassen, mit
¾ – 1 Teel. Assugrin	
Flüssigsüße	süßen die Lebkuchenplätzchen sofort nach dem Backen mit der Glasur bestreichen
20 – 22 enthäutete	
Mandeln	
10 – 11 Belegkirschen	
(rot und grün)	beide Zutaten halbieren, die Plätzchen damit verzieren, noch etwa 1 Minute in den heißen Backofen geben.

Ergibt 50 Plätzchen, pro Plätzchen 188 kJ ≙ 45 kcal,
E: 1,2 g, F: 1,2 g, KH: 7 g.

Stutenkerle oder Weckmänner

(Abb. S. 187)

500 g Weizenmehl	in eine Schüssel sieben, mit
1 Päckchen Trocken-Hefe	sorgfältig vermischen
abgeriebene Schale von 1 Zitrone (unbehandelt)	
etwa 2 g Safranpulver	
etwas gemahlenen Zimt	hinzufügen, mit dem Mehl vermengen
100 g zerlassene, lauwarme Butter oder Margarine	mit
1 Ei	
250 ml (¼ l) lauwarmem Wasser	
1½ Teel. Assugrin Flüssigsüße	gut verrühren, in die Mehl-Gewürz-Mischung geben, alles mit einem elektrischen Handrührgerät mit Knethaken zuerst auf der niedrigsten, dann auf der höchsten Stufe in etwa 5 Minuten zu einem Teig verarbeiten
40 g verlesene Rosinen	unterkneten den Teig zugedeckt an einem warmen Ort etwa 30 Minuten gehen lassen den Teig 1 – 1½ cm dick ausrollen vier Stutenkerle ausschneiden (nach Schablone) die Armkonturen mit Hilfe eines Messers formen aus den Teigresten kleine Rollen und Kordeln formen, die Stutenkerle nach Belieben damit verzieren
4 Tonpfeifen	unter den linken Arm der Stutenkerle schieben die Stutenkerle nochmals an einem warmen Ort etwa 20 Minuten gehen lassen
1 Eigelb	verschlagen, die Hälfte davon abnehmen, mit
etwas Kakao oder gemahlenem Zimt	gut verrühren die Stutenkerle mit dem Eigelb und dem Eigelb-Gemisch unterschiedlich bestreichen
Rosinen	als Augen und
abgezogene, gestiftelte Mandeln	als Mund und Nase in den Teig drücken
abgezogene, halbierte Mandeln	als Knöpfe setzen die Stutenkerle in den vorgeheizten Backofen schieben
Strom:	175 – 200
Gas:	3 – 4
Backzeit:	Etwa 20 Minuten. Pro Stutenkerl 2975 kJ ≙ 710 kcal, E: 18,3 g, F: 26,5 g, KH: 100 g.
Tip:	In Cellophanpapier verpackt, mit Schleifenband und Goldsternchen verziert, sind Stutenkerle ein originelles Mitbringsel in der Adventszeit oder zum Nikolaustag.

Früchtebrot
(Abb. S. 188)

200 g Roggenmehl	mit
200 g Weizenmehl	in eine Schüssel sieben, mit
1 Päckchen Trocken-	
Hefe	sorgfältig verrühren
½ Päckchen	
Lebkuchen-Gewürz	
abgeriebene Schale von	
1 Orange (unbehandelt)	hinzufügen, mit dem Mehl vermengen
50 g zerlassene,	
lauwarme Butter oder	
Margarine	mit
1 Ei	
250 ml (¼ l)	
lauwarmem Kaffee	
2½ – 3 Teel. Assugrin	
Flüssigsüße	gut verrühren, in die Mehl-Gewürz-Mischung geben, alles mit einem elektrischen Handrührgerät mit Knethaken zuerst auf der niedrigsten, dann auf der höchsten Stufe in etwa 5 Minuten zu einem Teig verarbeiten, zugedeckt an einem warmen Ort etwa 30 Minuten gehen lassen
150 g entsteinte	
Backpflaumen	
150 g getrocknete	
Aprikosen	beide Zutaten grob würfeln, mit
100 g verlesenen Rosinen	
30 g abgezogenen,	
gestiftelten Mandeln	vermengen, 1 Eßl. davon zurücklassen, die übrigen Früchte mit
etwas Weizenmehl	vermengen, unter den Hefeteig kneten, einen länglichen Laib daraus formen, auf ein mit Back-Trennpapier belegtes Backblech geben, zugedeckt an einem warmen Ort nochmals 20 – 25 Minuten gehen lassen das Früchtebrot in den vorgeheizten Backofen schieben
Strom:	Etwa 200
Gas:	Etwa 4
Backzeit:	50 – 60 Minuten etwa 20 Minuten vor Beendigung der Backzeit das Früchtebrot mit
3 Eßl. Kartoffelmehl-	
Glasur (Rezept S. 185)	bestreichen, mit der zurückgelassenen Frucht-Mischung bestreuen. Ergibt 15 – 16 Scheiben, pro Scheibe 833 kJ ≙ 210 kcal. E: 4,6 g, F: 4,3 g, KH: 36 g.
Tip:	In Alufolie verpackt, kühl und trocken gelagert, bleibt das Früchtebrot einige Zeit frisch und bekommt noch mehr Aroma.

Schwarz-Weiß-Gebäck
(Abb. S. 128)

Für den hellen Teig

300 g Weizenmehl
3 g (1 gestr. Teel.)
Backpulver   mit mischen, in eine Rührschüssel sieben
3 Teel. Assugrin
Flüssigsüße oder
18 g Assugrin
Streusüße
1 Fläschchen
Rum-Aroma
180 g Butter
oder Margarine   hinzufügen, alles mit einem elektrischen Handrührgerät mit Knethaken zu einem glatten Teig verarbeiten

für den dunklen Teig

10 g (1 gestr. Eßl.) Kakao
einige Tropfen
Assugrin Flüssigsüße
oder
1 Eßl. Assgurin
Streusüße
1 Eßl. Wasser   unter die Hälfte des Teiges kneten
beide Teige getrennt noch einmal durchkneten, etwa ½ cm dick ausrollen, in etwa ½ cm breite, gleich lange Streifen schneiden
die dunklen und die hellen Teigstreifen schachbrettartig zusammensetzen
die Teigblöcke etwa 15 Minuten kalt stellen, mit einem scharfen Messer in gleichmäßige Scheiben schneiden, auf ein mit Back-Trennpapier belegtes Backblech legen, in den vorgeheizten Backofen schieben

Strom: Etwa 175
Gas: Etwa 3
Backzeit: 12 – 15 Minuten.
Ergibt 60 Plätzchen, pro Plätzchen 175 kJ ≙ 42 kcal,
E: 0,6 g, F: 2,6 g, KH: 3,8 g.

Tip: Schwarz-Weiß-Gebäck läßt sich auch in folgenden Mustern herstellen:
Den hellen und den dunklen Teig zu gleichmäßig großen Rechtecken dünn ausrollen, übereinanderlegen, etwas festdrücken, von einer Seite aufrollen oder von beiden Seiten zur Mitte hin aufrollen, die Rollen kalt stellen, in gleichmäßige Scheiben schneiden.
Oder aus dem dunklen Teig 3 cm dicke Rollen formen, einzeln in den dünn ausgerollten hellen Teig wickeln, die Rollen kalt stellen, in gleichmäßige Scheiben schneiden. Die Teigplätzchen wie im Rezept beschrieben backen.